OP WEG NAAR EEN FIJNZINNIGE LANDBOUW

COLOFON

Deze uitgave is mede tot stand gekomen dankzij de Vereniging voor Biologisch-Dynamische Landbouw en Voeding en de Estafette Associatie.

Grafisch ontwerp en druk: nr58 / total communication
Fotografie: John van der Rest, Matthijs van Vliet, ANP Koen Suyk, John Oud, Marco Sweering, Werner van der Loo

CIP-gegevens
ISBN: 9789020209044
NUR: 940
Trefwoorden: BD-landbouw, Demeter

© 2012 Jan Schrijver en John van der Rest
Uitgeverij AnkhHermes, onderdeel van VBKlmedia, Utrecht

Alle rechten voorbehouden. Niets uit deze uitgave mag worden verveelvoudigd en/of openbaar gemaakt, in enige vorm of op enige wijze, zonder voorgaande schriftelijke toestemming van de uitgever. *No part of this book may be reproduced in any form or any means without prior written permission from the publisher.*

INHOUD

Voorwoord door Jan Schrijver		5
Inleiding		9
Hoofdstuk 1	De ontmoeting	15
Hoofdstuk 2	Interesse wekken en waarden waarmaken	29
Hoofdstuk 3	Voedingskwaliteit voor preventieve gezondheidszorg	53
Hoofdstuk 4	Bronnen van vitaliteit	73
Hoofdstuk 5	Contouren van de toekomstige landbouw	101
Nawoord door Jan Schrijver		117
Nawoord door John van der Rest		120

Aan 'op weg naar een fijnzinnige landbouw' gaat een lange weg vooraf die lijkt op een ontdekkingsreis. Een reis met vallen en opstaan, waarbij ik altijd weer licht aan de horizon zag. Gesterkt door veel ervaring ben ik steeds meer gaan zien hoe je deelgenoot van een groter geheel kan zijn. In dit boek ga ik met bijzondere professionals in gesprek over de noodzaak en toekomstmogelijkheden van een fijnzinnige landbouw. Samen kijken we om ons heen, terug in de tijd en meer dan ooit vooruit. Daarbij daag ik collega's uit de hele landbouwsector uit om samen met vakmensen binnen overheid, wetenschap en onderwijs mee vooruit te kijken. Waar gaan we heen? Welke veranderingen zijn noodzakelijk om de kwaliteit van de Nederlandse landbouw blijvend te waarborgen voor de toekomst? Dit boek dient als voeding voor de discussie over hoe het verder moet. Daarmee hoop ik mijn bijdrage te leveren aan een stap voorwaarts in de Nederlandse landbouwontwikkeling.

Er staat veel op het spel. Met name door de achteruitgang van de bodemvruchtbaarheid groeit de noodzaak voor het inzetten op een andere vorm van landbouw. Daarnaast vraagt de zorg voor onze gezondheid en de achteruitgang in de biodiversiteit om een overstap naar een landbouwmethode die zich ontwikkelt vanuit een totaal andere filosofie dan de gangbare chemisch-industriële benadering. Die overgang roept vragen op. Waarom zou dat de biologisch-dynamische landbouw moeten zijn? Wat zijn de voordelen? En hoe sta je hierin als boer? Met dit boek hopen we daarop antwoord te geven. Bedenk bij het lezen dat je de biologisch-dynamische landbouw alleen maar kunt waarderen vanuit een integrale beoordeling. Met een waardeoordeel op basis van slechts een enkel facet, doe je deze vorm geweld aan. Wij pretenderen met dit boek niet dat we een sluitend verhaal presenteren. Het blijft zoeken; op weg naar... Bij de verschillende gesprekspartners in dit boek vonden we boeiende inzichten. Ook al is het verhaal nog lang niet compleet, we hoorden in de gesprekken opvallende overeenkomsten. Het begrip 'meebewegen' werd regelmatig genoemd. Evenals: deelnemen aan natuurlijke kringlopen. En voor jezelf ruimte creëren om als onderzoeker op je boerderij rond te kunnen lopen en waar te nemen.

Een ontwikkeling die pas mogelijk is als je heel wat jaren hebt gebouwd aan het eigen karakter van jouw bedrijf.

Biologisch-dynamisch boeren vraagt om een bepaalde mate van fijnzinnigheid, van het actief gebruiken van al je zintuigen en een zekere drang tot ontdekken. Hiermee werken is lang niet altijd mogelijk, zeker als je bedrijf een zware tijd doormaakt en je bezig bent met overleven. Zodra de ruimte er wel is, wordt het zorgen voor identiteit, integriteit en vitaliteit extra belangrijk. Deze drie begrippen komen regelmatig terug in het boek. Het zijn voor mij de pijlers onder een gezonde landbouw.

Ik had de rijkdom aan ervaringen van de afgelopen veertig jaar niet willen missen. Juist in die 'innerlijke' reis schuilt voor mij de grote waarde van de biologisch-dynamische landbouw. Binnen deze teeltmethode kon ik zinvol bezig zijn met zelf-ontwikkeling. Samen met anderen. Dit boek is ook een onderdeel van mijn reis en dat wil ik delen.

Als beeld bij dit voorwoord koos ik het bruggetje in het Rijperwielpad, een fietspad dat deels grenst aan een van onze akkers. Gaan we met de landbouw voor de ontwikkeling die vóór de brug zichtbaar is? Of houden we het bij het oude, zoals te zien is na de brug?

Tot slot, ik ben John van der Rest zeer dankbaar voor de samenwerking bij het schrijven van dit boek. Door zijn enthousiaste betrokkenheid, ijver en doorzettingsvermogen kwamen we tot dit resultaat.

Het was tevens een voorrecht om in gesprek te mogen gaan met Herman Wijffels, Jan Diek van Mansvelt, Machteld Huber, Jan Graafland, Frank Niemeijer, Wido Jonges en Udo Prins. Hun inzichten, ervaringen en visie vormen de heldere bakens waarlangs ik mijn reis maak. Een speciaal woord van dank richt ik tot de voorzitter van de Vereniging voor Biologisch-Dynamische Landbouw en Voeding, Albert de Vries, voor zijn redactionele ondersteuning en opbouwende adviezen.

Sint Maarten, november 2012

Jan Schrijver

'Dag Jan, dag Inge', Lia Nota loopt groetend de winkel van De Lepelaar binnen, pakt een mand en staat dan even stil. Ze kijkt om zich heen. Ik volg haar blik langs de stellingen met fruit en aardappelen, kruidenierswaren, de zuivelkoeling en het broodschap, waar Inge, mijn vrouw en medevennoot, bestellingen klaarmaakt. Lia's visuele ronde eindigt op het groente-eiland midden in de ruimte. Zoek je iets? Vraag ik haar, terwijl ik een krat met meiraapjes tussen de groene en gele paprika in zet. Het is half juli. Hoogzomer.

Ze kijkt me glimlachend aan en loopt verder. 'De winkel ziet er weer prachtig uit. Wat een rijkdom aan kleuren en vormen. Zijn dat de eerste tomaten van dit jaar, Jan? Mooi, dat warme rood naast het donkergroen van de komkommers. En wat mooi kleuren die paarswitte raapjes in combinatie met de sperziebonen en de paprika. Het is net een schilderij. Een stilleven van zomerse overvloed.'

Lia's opmerkingen stemmen me dankbaar. Tijdens dit soort ontmoetingen ervaren Inge en ik wat ons werk betekent voor de mensen waarvoor we werken. Het beleven van de seizoenen in het regelmatig wisselende aanbod van het land spreekt veel klanten aan. Nu is het komkommertijd. En sieren boeketten dahlia's, cosmea en zonnebloemen de winkel. Straks, zo rond september oktober, breken de sfeermaanden weer aan. Met pompoenen, rode, witte en groene kolen en bijbehorende aankleding van de winkel. Vanaf januari wordt alles rustiger. Stiller. Tot het voorjaar weer losbarst met de eerste frisse bladgewassen zoals raapstelen en spinazie.

Kok Bas Ligthart van restaurant De Ooievaar uit Warmenhuizen komt ook even langs. Hij laat zich in de keuken graag inspireren door aparte groenten, zoals verse kapucijners, mierikswortel en palmkool. 'Jullie gevarieerde aanbod leert me om continu smaken te proeven die ik voorheen niet kende. En hier geurt sla naar sla, tomaten naar tomaten en is de smaak van de komkommers en de rucola intens.'

'Telen jullie al deze verschillende groenten zelf', vraagt Lia, terwijl ze een zak snijbiet met felrode stelen pakt. 'Nee hoor', legt Inge uit. 'We telen veel groenten, bloemen en kruiden zelf, maar kopen daarnaast aanvullend groenten, fruit, zuivelproducten, brood en kruidenierswaren in om het winkelaanbod zo compleet mogelijk te maken.'

'En is alles biologisch?' 'Alles is zoveel mogelijk afkomstig uit biologisch-dynamische landbouw en als dat er niet is, in ieder geval biologisch.'

Even later help ik Lia met het dragen van de boodschappen en vraag of ze het bedrijf wil zien. Ik wijs haar op de akkers die zich voor ons uitstrekken en waar nu rode bieten, wortelen, aardappelen en snijbiet groeien. In de verte zitten vijf silhouetten op hun knieën tussen het groen. De jongens oogsten bospeen. 'Doen ze dat met de hand? Wat een werk!', reageert ze. 'Goed dat je zoveel jonge mensen uit de buurt werk biedt, maar levert deze kleinschaligheid eigenlijk wel voldoende op?' We lopen naar de kas waar nu tomaten, komkommers en paksoi groeien en soms ook andijvie of sla voor zaadteelt. Via de bloemen- en kruidentuin, waar bijen in en uit kasten vliegen, komen we achter de kas bij akkers met rode kool en tarwe. Boven bontgekleurde akkerranden zoemen hommels en bijen van bloem naar bloem. De ronde eindigt bij de zestig hennen en twee hanen die scharrelen in een grasveld naast de winkel.
'Mooi, die bloemenranden langs de akkers', zegt Lia. 'Veel mensen begrijpen absoluut niet waarom jullie delen van je land bewust inzaaien met onkruid. Met veel gif proberen ze 'die rotzooi', zoals ze het noemen, juist dood te krijgen; net als luizen, rupsen en andere insecten. In mijn jeugd oogstte ik zelf ook aardappels tussen planten waar het gif nog op de bladeren zat. Ik wist niet beter. Hoe gaan jullie om met onkruid en insectenplagen als je geen bestrijdingsmiddelen gebruikt? Hier ervaar ik dat het ook anders kan en dat voelt gezonder. Inge had het zojuist over biologisch-dynamisch. Is dat niet enorm zweverig? Dat ervaar ik helemaal niet bij De Lepelaar. Is dat anders dan biologisch? Ondanks de vertrouwdheid die ik voel bij jullie bedrijf, weet ik nog weinig van hoe mijn voeding precies tot stand komt.'

Lia's vragen zetten me aan het denken. Hoe komt het dat nog maar zo weinig mensen weten wat ik doe? Ben ik nog steeds een pionier, na meer dan veertig jaar werken in de biologisch-dynamische landbouw? Volgens deze methode – ook wel BD-landbouw of biodynamische landbouw genoemd – teel ik groenten en granen op de Noord-Hollandse bodem in en rond Warmenhuizen. Waar staan we eigenlijk

> **In de verte zitten vijf silhouetten op hun knieën tussen het groen. De jongens oogsten bospeen**

in de ontwikkeling van de BD-landbouw? Wat is de betekenis van mijn werk? Daarover gaat dit boek. Met alle vragen in mijn achterhoofd ga ik in gesprek met verschillende mensen uit de wereld van de wetenschap, de landbouwpraktijk en de economie. Zij kunnen bij uitstek uitleggen wat de biodynamische landbouw betekent voor de bodemvruchtbaarheid, biodiversiteit, economie en gezondheid. Met hen schets ik – aan de hand van de praktijk op De Lepelaar – een concreet beeld van wat deze methode bijdraagt aan een gezonde toekomst voor de aarde en al wat daarop leeft.

Met deze publicatie wil ik je op een positieve manier inspireren. Ik laat echter problemen die zich voordoen binnen de landbouw of de gezondheidszorg niet onbenoemd. Om daarbij aan te geven hoe de biologisch-dynamische landbouw kan bijdragen om deze problemen te voorkomen of op te lossen.

Ik begin mijn ontdekkingsreis door de BD-wereld aan de hand van mijn eigen ontmoeting met deze landbouw. Daarbij ga ik met voormalig hoogleraar alternatieve landbouw Jan Diek van Mansvelt in gesprek over idealen, weerstand en betekenis. Vervolgens neem ik je mee naar de economische realiteit waarin BD-boeren verbinding zoeken met mensen zoals Lia. Welke aspecten van de biodynamische landbouw zijn voor hen waardevol? Hoe interesseert de BD-beweging consumenten het beste voor deze waarden? En onder welke voorwaarden kan de sector die vervolgens blijvend waarmaken? Marketingprofessional Wido Jonges en groothandelaar/winkelier Frank Niemeijer geven antwoord op deze vragen.

In het derde hoofdstuk duik ik samen met arts/onderzoeker Machteld Huber in het mysterie van onze gezondheid. Wat is gezondheid eigenlijk? Welke rol speelt voeding daarbij? En hoe draagt de biodynamische landbouw bij aan de beste kwaliteit voeding?

Volgens de BD-landbouw begint de kwaliteit van onze voeding met de vruchtbaarheid van de bodem. Wat is bodemvruchtbaarheid eigenlijk? Welk samenspel kenmerkt de ontwikkeling naar betere bodemvruchtbaarheid en naar meer biodiversiteit? Welke waarde heeft een levende bodem? Onderzoeker Udo Prins en kruidenteler Jan Graafland vertellen erover in het vierde hoofdstuk. In hoofdstuk vijf kijkt econoom en voormalig topman van de Rabobank Herman Wijffels vooruit naar de ontwikkeling van een nieuwe landbouw. Ik sluit het boek af met een korte terugblik en mijn eigen visie op de toekomst van de biologisch-dynamische landbouw. Zal de BD-landbouw van pionier vanzelfsprekend worden? Welke interne ontwikkeling is daarvoor nodig? En extern in de maatschappij?

Vlnr dochter Jorinde Schrijver, Jan Schrijver, moeder Schrijver-Kroon, Inge Schrijver-De Roos en medevennoot/opvolger Joris Kollewijn

Vóór de ruilverkaveling, eind jaren zestig van de vorige eeuw, zag ik ze regelmatig. Met hun aristocratische verschijning waadden ze door de eindeloze sloten en vaarten van het Geestmerambacht. Lepelaars. Gracieus vlogen ze op wanneer ik met mijn vader in een bootje naar een van onze akkers onderweg was. Hun smetteloos witte verenkleed verbeeldde voor mij waarden als puurheid en eerlijkheid. Met hun bizar gevormde snavel en aparte manier van voedsel zoeken, zijn ze de buitenbeentjes in het Nederlandse vogelrijk. Ik genoot van hun aanwezigheid.

'Pa, ik ga nu een motorgifspuit kopen! Dat gemodder met die handspuit op je rug is klaar. We moeten vernieuwen en mee met de tijd!' Zo hielp ik in diezelfde periode zo'n veertig jaar geleden, mijn vader, tuinder Cornelis Schrijver uit Warmenhuizen, op weg in de nieuwste landbouwontwikkeling. Net als bijna alle boeren was ook ik overtuigd: de introductie van kunstmest en bestrijdingsmiddelen vanuit de chemische industrie zouden leiden tot hogere opbrengsten en een betere kwaliteit landbouwproducten.

Op de middelbare tuinbouwschool doceerden goede leraren mij over de moderne teelt van groenten, bollen en bloemen. Bij scheikunde en bestrijdingsmiddelenleer leerde ik alles over de werking van methylbromide, gechloreerde koolwaterstoffen en schimmeldodende middelen op het bodemleven en dat van insecten en planten. Bij het vak gevarenleer legde de schooldirecteur uit hoe dodelijk sommige middelen bij inname ook voor mensen konden zijn. Sommige al bij een slok. Langzaam begon de twijfel in mij te knagen. Ik stelde vragen, maar iedereen was overtuigd dat dit de goede weg was. Een docent wees me op het pas uit Amerika verschenen boek *Silent Spring* van Rachel Carson. Zij beschreef hoe de nieuwe bestrijdingsmiddelen de hele cyclus van de natuur konden vernietigen. In dezelfde tijd las ik ook het boek *Zilveren sluiers en verborgen gevaren,* waarin Dr. Briejèr, oud-directeur van de Plantenziektenkundige Dienst, schreef over de bedreiging van het leven door chemische preparaten.

Mijn weerzin tegen de industriële en scheikundige benadering van de landbouw groeide met de gewaarwording dat steeds meer dieren uit mijn leefomgeving verdwenen. Ook de lepelaars. 'Die benadering moet op den duur wel zeer schadelijk zijn voor de bodem, de insecten, de planten, de vogels en de mens', dacht ik. Vanuit mijn geloof leefde ik in de overtuiging dat je als mens in harmonie moet leven met je omgeving en een goed rentmeester hoort te zijn. Als je in je omgeving schade aanricht, krijg je het net zo hard weer terug. Het inzicht groeide dat de teelt van gezonde groenten alleen mogelijk is in harmonie met de natuur. Op zoek naar inspiratie kwam ik tijdens een stage in Amsterdam in aanraking met de biologische tuinbouw. Ik leerde vervolgens meer over de veel eerder ontwikkelde biologisch-dynamische landbouw. Die bleek het meest natuurlijke alternatief voor de ontwikkelingen in de reguliere landbouw. Ik besloot die weg in te slaan met mijn net begonnen eigen tuinbouwbedrijf.

Ik noemde mijn bedrijf De Lepelaar. In de overtuiging dat ik zó moest werken dat die vogels ook konden overleven in onze omgeving. De keuze voor de biologisch-dynamische landbouwmethode voelde in die begintijd als een groot avontuur. Toen ik in het voorjaar van 1971 startte met De Lepelaar volgden al mijn buren overtuigd de weg van kunstmest en chemisch-synthetische bestrijdingsmiddelen. Mijn omgeving verklaarde me voor gek en gaven me hooguit drie jaar. Tegen de stroom in volgde ik gedreven mijn eigen koers. Met succes. Veertig jaar later bewerk ik nog steeds de Noord-Hollandse bodem op biodynamische wijze. En komen de lepelaars nog steeds op onze akkers.
Ik ben zeker niet de enige voedselproducent die biologisch-dynamisch werkt. Wereldwijd werken duizenden boeren volgens deze methode aan een vruchtbare bodem en gezond, smaakvol voedsel. Als je kennismaakt en doorvraagt over hun werk hoor je opvallend vaak termen als 'vitaliteit', 'identiteit' en 'samenhang'.
Hoe kijkt een ervaren man als Jan Diek van Mansvelt naar deze voor veel mensen ingewikkelde begrippen binnen de biodynamische landbouw? Wat maakt BD bijzonder en waar liggen knelpunten en kansen bij de ontwikkeling van deze methode? Ik zocht hem op voor een gesprek.

De keuze voor de biologisch-dynamische landbouwmethode voelde in die begintijd als een groot avontuur

'Ik dacht eerst: 'die BD-manier van landbouw is een nastrevenswaardig ideaal, maar wel lastig', begint Jan Diek van Mansvelt ons gesprek. 'Langzamerhand groeide echter het gevoel: wat een leuke ideeën! Wat kan ik daar allemaal mee? En nu zie ik de aardigheid, de 'gein' van BD als een fascinerende zoektocht naar de essentiële samenhangen. Ik zie BD als meer dan een methode. Het is een ontwikkeling. Voor mij gaat de biodynamische ontwikkeling van een landbouwbedrijf steeds meer om een diepgaande, maar vreugdevolle zoektocht van de boer. Om zijn ontwikkeling van eigenheid met zijn grond, planten, dieren, kortom met de levensprocessen waar je als boer mee werkt.

Ik vergelijk die ontwikkeling het liefst met liefde tussen twee mensen. Daarbij staat de relatieopbouw centraal. Als je (als) partner niet meedoet is de gein er snel af. Zie je bedrijf als partner, inclusief alle bedrijfsonderdelen. Als het je echt lukt om samen die relatie te verdiepen, en telkens weer opnieuw vorm te geven, betekent dat een enorme verrijking van je leven. Je moet daarbij dan wel goed snappen dat je bedrijf als partner uiterlijk gezien niets terugzegt. Om dat gesprek aan te gaan moet je dus extra goed opletten op de gebarentaal van je bedrijf als organisme. Zodoende krijgt je relatie iets verhevens. Dan wordt dat bewuste samenleven met je bedrijfswezen een spiritueel proces'.

'In de biodynamische landbouw gaat het om het samenwerken met de natuur, met je hoofd, je hart, je ledematen, en met al je zintuigen', vervolgt Van Mansvelt. 'Je produceert als boer gezonde, smaakvolle voeding voor de mond en het welzijn van de consument. Tegelijkertijd zorg je ervoor dat je bedrijfsvoering een aantrekkelijk landschap produceert. De daarbij horende rijke biodiversiteit aan bloemen, insecten, vogels en andere dieren voedt je overige zintuigen. De gezondheid van planten en dieren ziet de boer als kwaliteitsspiegel van zijn bedrijf. De gein en voldoening voor

Jan Diek van Mansvelt was in de tachtiger jaren hoogleraar 'alternatieve' (biologische) landbouw aan de Wageningen Universiteit en van 1996 tot 2002 voorzitter van de Vereniging voor Biologisch-Dynamische Landbouw en Voeding, kortweg de BD-Vereniging. Hij is bij uitstek een man die kan duiden waar het bij de biodynamische ontwikkeling van een landbouwbedrijf om gaat en wat de meerwaarde is voor de boer, de gemeenschap en de aarde.

de boer zit hem ook in het alles volledig tot zijn recht laten komen: bodem, plant, dier, consument, landschap en zodoende ook zichzelf als boer. Elk bedrijf heeft zijn eigen ontwikkeling, en daarbinnen heeft elk onderdeel van het bedrijf zijn eigenheid. Daar oog voor krijgen en er bewust mee werken, vraagt aandacht en verdieping.'

Jan: Vanuit mijn geloofsbeleving ben ik als mens en boer onderdeel van een groter geheel met grotere krachten. Uiteindelijk draait het leven niet om mij. Als ik sterf gaat het leven door. Dat geeft mij veel ontzag voor al het leven om mij heen waar ik me onlosmakelijk mee verbonden voel. Vanuit die houding werk ik. De biodynamische methode van werken met de natuur prikkelt mij om samen met het leven in de bodem, in planten, dieren en mensen te streven naar het allerbeste. Daarbij hoort dat ik accepteer dat soms iets niet gaat zoals ik het wil. Als boer word je uitgedaagd om mee te bewegen met de natuur.

De natuur is een enorm complex systeem. Ik voel vreugde en dankbaarheid voor de kennis die ik heb opgedaan en ervaar die als een uitnodiging om met de natuur samen te werken. Iedereen kan die kennis tegenwoordig vergaren en daarmee kiezen hoe je met de natuur om wilt gaan. Positief of negatief. Je kunt niet meer zeggen: ik weet het niet. Je eigen waarneming is essentieel. Neem bijvoorbeeld het beeld langs het Rijperwielpad uit het voorwoord. Daar zie je heel duidelijk de tegenstellingen tussen de verschillende landbouwmethoden. Ik vraag me dan af wat de aanblik met voorbijgangers doet?

Als mens geef ik vorm en inhoud aan mijn omgang met de natuur. Vanuit een houding van mogen, niet vanuit moeten. De aarde is niet van mij. Ik hoef er niet de baas over te spelen, maar me ook niet nederig op te stellen. Ik voel me een gelijkwaardig onderdeel. Dat ervaar ik bijvoorbeeld tijdens een koude winter. Wanneer vrieskou de meren en vaarten bedekt met ijs. Dan ga ik schaatsen. En voel ik me heel sterk één

Biologisch en dynamisch
Echt smaakvol en gezond voedsel kan alleen voortkomen uit een landbouwsysteem dat de natuur zoveel mogelijk inschakelt, in plaats van uitschakelt. Het is een landbouwsysteem dat gevoed wordt door de vruchtbare dynamiek en levenskracht van de natuur, beginnend met een levende bodem. Dat systeem gaat verder dan alleen biologisch. Biodynamisch werkende boeren cultiveren een zo natuurlijk mogelijk proces van leven en groeien. Ze jagen planten en dieren niet op met tegennatuurlijke kunstgrepen, maar geven gewassen en vee volop tijd en ruimte om sterk en volwassen te worden.

met het bevroren water dat onder me doorglijdt en met het landschap dat aan me voorbijtrekt.

Als boer probeer ik de natuur te beheersen. Ik breng er ordening in aan. De positieve krachten stimuleer ik en zet ik in voor de productie. De onlosmakelijk daarmee verbonden negatieve krachten probeer ik in toom te houden. Wij bestrijden onkruid bijvoorbeeld door het weg te branden, door het handmatig weg te halen liggend op een wiedbed of mechanisch met schoffels achter de trekker. Inmiddels gebruiken we de modernste apparatuur, zoals GPS-aansturing van de trekker via satellieten. Daarmee zaaien, poten en schoffelen we kaarsrecht en beperken we de schade aan de gewassen. De moderne mechanisatie vermindert het voorheen noodzakelijke handwerk. Naast ons ideaal van werken met de natuur is het streven naar continue innovatie en professionele groei een belangrijk kenmerk van de biodynamische ontwikkeling op De Lepelaar.

'De dynamische kant prikkelt de boer om met zijn of haar bedrijf een eigen ontwikkeling te maken, in het verlengde van de ecologische basisnormen en waarden', vertelt Van Mansvelt hierover. Die eigenheid noemen we 'bedrijfsindividualiteit'. 'Je kunt eigen elementen toevoegen en krijgt buiten de normen ruimte om te twijfelen en te zoeken. Rudolf Steiner – die met zijn Landbouwcursus de basis legde voor de biologisch-dynamische landbouw – was ook onderzoekend bezig. Hij gebruikt in zijn originele tekst regelmatig het woord 'bijvoorbeeld', waarmee hij duidelijk ruimte laat voor de boer als praktische onderzoeker, en tegelijkertijd zijn eigen zoektocht aangeeft. Daar gaat het mij om. BD is niet als geloof bedoeld, maar als een oefenweg met vitaliteit, integriteit en identiteit als richtinggevers'.

De natuur helpt ons om ziekten en plagen te voorkomen

Jan: Ik ben het helemaal met je eens, behalve met het woord 'oefenweg'. Dat klinkt voor mij te vrijblijvend. Voeding is de essentie van leven. Het vraagt een groot verantwoordelijkheidsgevoel om daarmee bezig te zijn. Ik vind 'ontwikkelingsweg' daar meer recht aan doen. De richtinggevers die je noemt zijn voor mij onderdeel van de natuur buiten en binnen mensen. Vitaliteit als de kracht van het leven zelf. Identiteit als het menselijke aspect: wie wil je zijn en worden? Tijdens ieders scholingsweg krijgt een mens veel aangereikt. Wat kies je? Landbouw? Dan wordt landbouw onderdeel van je identiteit. Voedsel produceren vraagt vervolgens om integriteit. Mensen kunnen zich volgens mij alleen gezond ontwikkelen in een omgeving waar diversiteit de norm is. Waar de complexheid van de natuur in zoveel mogelijk vormen verbonden is en blijft met de complexheid van de mens. Dat vraagt van de boer om een integere omgang met de natuur. Precies zoals jij eerder noemde: door het tot zijn recht laten komen van bodem, plant, dier, consument, landschap en zodoende ook zichzelf als boer.

Wij geven vorm aan dit ideaal door ons bedrijf te zien als een levend organisme. De naam De Lepelaar drukt niet voor niets een keuze uit voor werken in harmonie met de levende natuur. We zoeken daarbij continu naar een passende aansluiting bij onze omgeving. Met bijvoorbeeld de bloemstroken langs onze akkers en bijenvolken in de bloementuin. Op andere bedrijven vind je houtwallen, een paddenpoel, ruigtes met inheemse bomen en nestkasten. Met deze aanvullende elementen geeft een BD-bedrijf zijn eigenheid weer en levert de biodynamische landbouw een grote bijdrage aan de biodiversiteit op en rond het bedrijf. Een belangrijk punt. De FAO, de voedsel- en landbouworganisatie van de VN, ziet de drastische vermindering van de biodiversiteit door monoculturen in de landbouw als de grootste bedreiging voor onze toekomstige voedselvoorziening.

Over een levend bedrijf gesproken: in onze bedrijfsfilosofie geven we de identiteit van De Lepelaar met elkaar vorm: drie eigenaren, zes vaste medewerkers en gemiddeld tien scholieren. Dat brengt veel leven in ons bedrijf. En op de akkers zorgen we steeds voor nieuwe gewassen. In de jaren tachtig zijn we bijvoorbeeld met graan en grasklaver begonnen, naast de teelt van groenten. Die gewassen brachten meer evenwicht in het geheel en helpen ons extensiever te werken. Aan de andere kant werken we steeds intensiever, zoals met het bossen van wortelen en bieten en het verpakken van snijbiet in zakjes. Vooral Joris Kollewijn, de derde vennoot naast Inge en ik, speelt in dit proces een grote rol. Het levende aspect blijkt ook uit ons continue streven naar groei. Ik begon in 1971 op één hectare. Inmiddels hebben we bijna vijftig hectare in beheer.

We voeden het leven in de bodem met natuurlijke bemesting en geven een akker binnen een cyclus van zeven jaar minimaal twee jaar rust om de vruchtbaarheid weer op te bouwen. De overige vijf jaar verbouwen we op een akker elk jaar weer andere gewassen. Met deze maatregelen houden we de bodem vruchtbaar en voorkomen we plantenziekten. De natuur helpt ons om ziekten en plagen te voorkomen. Bladluizen bijvoorbeeld zijn lastig, maar trekken vanzelf hun belagers zoals sluipwespen en lieveheersbeestjes aan. Die helpen vervolgens een echte plaag te voorkomen. Dat afwachten tot de natuur het probleem oplost, bedoel ik met meebewegen met de natuur. Vergeleken met de biologische landbouw gelden voor BD-boeren hogere eisen voor het sluiten van kringlopen van mest en voer. Wij ruilen stro, voedergewassen, hooi en zelfs land met mest en land van de biodynamische melkveehouderij De Buitenplaats van Bram en Ilse Borst in Eenigenburg. Daar kun je zien dat binnen de BD-landbouw koeien hun horens behouden. En hoeveel completer en mooier het dier daarmee is.

Zo'n vijftig jaar geleden begon bijna elke alternatief werkende boer als BD-boer. Het moeilijke verhaal van de Landbouwcursus en de spiritualiteit rond Rudolf Steiner bleken uiteindelijk echter te ingewikkeld of te zweverig voor veel boeren. Zeker in

Demeter: meer dan biologisch

Demeter is het keurmerk voor biodynamische landbouw en voeding. Boeren en verwerkers krijgen dit premium kwaliteitskeurmerk als ze voldoen aan de internationaal vastgestelde Demeter-normen. Deze normen gaan verder dan de basisnormen voor biologische landbouw die zijn vastgelegd in de Europese wetgeving.
De belangrijkste zijn:
- de bodem wordt bemest met compost en voorverteerde stalmest
- het voer is honderd procent biologisch en goeddeels van eigen bedrijf
- koeien en geiten hebben hoorns, er lopen hanen bij de hennen
- er is een ruime vruchtwisseling
- de bodem wordt met speciale preparaten verrijkt
- melk wordt niet gehomogeniseerd, de romige vetstructuur blijft behouden

Demeter-normen zijn een aanvulling, een aanscherping van de biologische basisnormen. Ook zij worden gecontroleerd door de onafhankelijke stichting SKAL, die zowel het EKO-keurmerk als het Europese keurmerk voor biologische productie in Nederland garandeert. Naast de extra normen zijn er ook een aantal richtlijnen verbonden aan het Demeter-keurmerk. Doel van deze richtlijnen: het stimuleren van BD-bedrijven te streven naar zo groot mogelijke samenhang in bedrijfssystemen, veel aandacht voor bodemvruchtbaarheid, voor sociale en economische duurzaamheid en het leggen van verbindingen met de directe omgeving.
Het keurmerk Demeter stamt al uit 1928. Het is gebaseerd op de in 1924 ontwikkelde Landbouwcursus van antroposoof Rudolf Steiner en heeft zich vanaf die tijd wereldwijd ontwikkeld. Demeter is de naam van de Griekse godin van de vruchtbaarheid, van het begin van leven.

een tijd van steeds grotere invloed van de exacte wetenschap op de landbouw. Veel boeren haakten dan ook af. Een deel vond in de slechts op normen gebaseerde biologische landbouw een meer exact en eenvoudiger alternatief. De biodynamische manier van werken wordt in de reguliere agrarische omgeving en andere delen van de maatschappij niet altijd begrepen. Ook biologisch werkende boeren begrijpen vaak niet wat BD-boeren bezielt. Hoe zie jij dit? Van Mansvelt: 'Dat komt doordat de BD-gedachte zijn tijd ver vooruit is, met alle voor en nadelen van dien. We moeten vandaag de dag veel meer laten zien wat we met de biodynamische ontwikkeling toevoegen aan de kwaliteit van onze voeding en leefomgeving. Vergelijkend onder zoek, bijvoorbeeld naar bodemvruchtbaarheid en voedingswaarden, zet biodynamisch tegenwoordig als topmerk binnen de landbouw op de kaart. Dat overtuigt steeds meer mensen om naar Demeter te vragen.'

'Binnen de BD-beweging zou nu meer aandacht moeten komen voor onderzoek naar de 'onzichtbare', spirituele aspecten van biodynamische landbouw', vindt Van Mansvelt. 'Dus is er ook meer verruimende bewustzijnsscholing nodig – oefening van de toepassing van spiritualiteit op het boerenbedrijf – en een open, uitnodigende communicatie daarover met collega's en consumenten. Boeren en andere betrokkenen mogen daarbij wat mij betreft veel meer de aardigheid van BD uitstralen. Ze kiezen er immers zelf voor; het moet van niemand anders'.

Jan: Inderdaad een goed punt. Spiritualiteit houdt ook mij meer bezig. Ik maak me zorgen over de verharding in de maatschappij. Volgens mij heeft die ontwikkeling sterk te maken met een gebrek aan spiritualiteit. Naast mijn idealisme, gaf juist die spirituele component mij de afgelopen jaren bij tegenslag de wil om eruit te komen. En op het gekozen spoor te blijven. Ik zie nu dat veel mensen tegenslag te persoonlijk opnemen. Ze lijken niet in staat om mee te bewegen. Ook in de landbouw heb ik de enorme starheid, soms zelfs hardheid, ervaren van mensen die niet wilden of konden meebewegen. Die niet verder wilden kijken dan de reductionistische wetenschap. Als geldt: 'Je bent wat je eet', dan werk je als boer mee aan de identiteit van jezelf en van anderen. Kies je daarbij voor hardheid? Of voor meebewegen? Biologisch-dynamische landbouw kan niet bestaan zonder spiritualiteit. Zonder een diepgaande vorm van fijnzinnigheid. Hoe kun je anders als boer meebewegen met het mysterie van de levende natuur? Daarbij spelen het bewust werken met levenskracht en intuïtie een grote rol. Binnen die spirituele kant gebruiken de boeren bewust invloeden vanuit de kosmos bij hun werk. Een van de specifieke bewerkingen die daarbij hoort is het toepassen van de zogenaamde 'preparaten' (zie kader). Juist bij het toepassen van deze preparaten draait het volledig om het toevoegen van vitaliteit. Ik probeer met het kiezelpreparaat vitaliteit aan het water toe te voegen en met het koemestpreparaat vitaliseer ik het bodemleven. Machteld Huber vertelt meer over de werking van deze preparaten in hoofdstuk drie. Met de compostpreparaten vitaliseer ik de mest. Hoe dat werkt, legt Jan Graafland uit in hoofdstuk vier. Alles met het doel om uiteindelijk de planten zo vitaal mogelijk te krijgen en via de planten die vitaliteit door te geven aan mens en dier.

Vanuit het grotere geheel leef ik om er op aarde iets moois van te maken. Daarin ervaar ik de gein van BD, zoals jij dat noemt. Het geeft me veel vertrouwen. Net als dat ik veel vertrouwen heb gekregen van zowel Inge als Joris. Zij zorgden mede voor harmonie op het bedrijf. Dat is essentieel. Als je als mensen op een boerenbedrijf geen harmonie kunt realiseren, lukt het ook niet op het land. In mijn meebewegen heb ik vooral de vreugde ervaren dat ik in staat ben geweest om dit bedrijf met een grote groep mensen neer te zetten. Daarnaast vond ik bevestiging in hoe de bodem en de planten reageerden op onze verzorging. En in de reacties van trouwe afnemers over hoe hun gezondheid reageerde. Verderop in het boek lees je hierover meer.

BD-boeren moeten middenin de weerstand staan en niet met de rug naar de samenleving. Hoe negatief die ook kan reageren. Ik heb meerdere malen het gevoel gehad dat ik een zonderlinge eenling was. Niet vanuit mijzelf, maar door de weerstand van soms heel dichtbij. Die weerstand – en dan vooral de hardheid van mensen die juist

Biodynamische preparaten

Preparaten zijn een soort homeopathische middelen, waarbij bewerkt water fungeert als een vorm van 'informatiedrager'. De BD-landbouw werkt met twee typen: spuitpreparaten en compostpreparaten. De spuitpreparaten, zijnde een koemest- en kiezelpreparaat, gebruiken biodynamische boeren om de vitaliteit van de bodem en de planten en de rijping van de gewassen te ondersteunen. De compostpreparaten voegen de boeren toe aan mest of compost om de vertering te ondersteunen. Daarnaast fungeren de preparaten op het geestelijke vlak als krachtwerking. Ze zijn geen vervanging voor normale landbouwkundige maatregelen, zoals rassenkeuze en bemesting, een juiste opzet en samenstelling van de composthoop en dergelijke. De preparaten kunnen juist dieper werken als al deze zaken in orde zijn. De preparaten worden uitgebreid behandeld in de Landbouwcursus van Rudolf Steiner.
Meer informatie op www.demeter-bd.nl/preparaten.asp.

zeggen dat ze achter je staan – brachten me, als sociaal ingestelde man, soms aan het twijfelen. Aan de essentie van de biodynamische landbouwmethode zelf twijfelde ik nooit. Wel over de financiële haalbaarheid. En of, en hoe, we het draagvlak voor ons werk zouden kunnen verbreden. Politicus Bas de Gaay Fortman opende op een gegeven moment mijn ogen. Hij schreef dat zowel extreem links als extreem rechts veel op elkaar lijken en zeer destructief kunnen zijn. Zijn visie bevestigde mijn afkeer van extremen. Ons bedrijf wordt steeds gewoner. Dat bevalt mij.

De door jou ontwikkelde collegiale toetsing past helemaal in de beweging naar de vanzelfsprekendheid van de biodynamische landbouw. De breedte van deze interactieve beoordelingsmethode helpt bedrijven om, geïnspireerd door collega's, eigen accenten te vinden in het voldoen aan de Demeter-richtlijnen. De spirituele kant van BD is nu eenmaal lastig uit te leggen. Met andere waardevolle elementen zoals agrarisch natuurbeheer, een zorgtaak, consumentenkring of groenteabonnement vergroot je ook de eigen identiteit van je bedrijf en werk je aan je biodynamische ontwikkeling. Het zijn voorbeelden van vernieuwende initiatieven uit de biodynamische landbouw die de maatschappij inmiddels heeft omarmd.
De gein van BD is mooi, maar veel biodynamische boeren ervaren de soms weerbarstige economische kant van het ondernemerschap als een worsteling. Die zet de BD-ontwikkeling vaak stevig onder druk. Hoe zie jij dat?

'Die spanning zie ik ook. Ik noem de gein, maar doe dat niet als gekke Henkie' zegt Van Mansvelt. 'De biodynamische landbouw is net zo goed onderdeel van het huidige economische systeem. Binnen deze 'ego-economie' draait het om maximale bedrijfswinst, een eenzijdige benadering die voor veel spanning zorgt. Gestimuleerd door Europese productiesubsidies richtten boeren zich jarenlang op snelle winst. Dat die ten koste gaat van landschap, bodem-, water- en levenskwaliteit van dieren, werd lange tijd genegeerd. Deze ego-economie draait nog steeds en confronteert de BD-boer met vragen van buiten als: wat levert jouw harde werken tastbaar op, als financiële winst? Nog steeds geen tweede huis? Wat een armoede! Een goede prijs voor Demeter-producten blijft dan ook belangrijk. Een gezonde economie is naast een goede spirituele basis een voorwaarde voor de haalbaarheid van het biodynamische verhaal.
Ik zie echter ook een nieuwe economie ontstaan: die ik 'eco-economie' noem. Daarin worden andere waarden dan het egoaspect belangrijk en beloond. Een economie waarin bijvoorbeeld de vervuiler, ook in de landbouw, betaalt en de kostenvergelijking tussen BD en industrieel totaal anders zal worden. Ik zie BD-boeren een steeds prominentere rol spelen in de maatschappelijke trend naar meer aandacht voor de

kwaliteit van voeding en voor lokale productie. Een beweging waarbij mensen de eigen identiteit, door praktische medeverantwoordelijkheid, steeds meer koppelen aan de identiteit van een landbouwbedrijf.'

'Mensen hechten meer waarde aan het eigen gezicht van een boerenbedrijf en aan een natuurlijke, streek en seizoensgebonden productie van hun voeding, als alternatief voor de gezichtloze massaproductie van de intensieve industriële landbouw', besluit Van Mansvelt ons gesprek. 'Ook in hun voedingskeuzen zoeken steeds meer mensen naar producten én producenten waar zij zichzelf in herkennen en mee kunnen profileren. Het werkt net als bij kleding. Voor een jurk van een natuurlijke vezel zijn mensen bereid meer te betalen dan voor de uit het verre oosten geïmporteerde afbraakprijsjurk van een massamerk. Ik zie dat de keuze van voeding eveneens een middel wordt om te laten zien waar je voor kiest en hoe je in het leven staat.'

Onkruid wieden op het wiedbed

Duizenden mensen heb ik vanaf het begin in 1971 rondgeleid over de akkers van De Lepelaar. Bankiers, notarissen, huisvrouwen, politici, boeren, ... noem maar op. Om ze uit te leggen hoe ik voedsel produceer samen met de natuur. Ik vertel bijna altijd het verhaal van de wortelen. Het is als een recept. Ik begin met hoe we met een speciale machine eerst de aarde omwoelen en tot ruggen vormen. Dan de bodem drie weken rust geven om zich te herstellen en weer een te worden met de ondergrond. Dan zaaien we pas. Na een week branden we het opgekomen onkruid af om ruimte te maken voor de wortelplant, die na twee weken boven de grond staat. Veel mensen hebben geen idee wat er nodig is voordat een bos wortelen in hun winkelmandje ligt. Verder vertel ik over bladluis en lieveheersbeestjes. En ik toon ze Guichelheil: een bijzonder plantje met rode bloemen dat op uitsterven staat, omdat het niet overleeft op met kunstmest bemeste bodem.
In de kas wijs ik vervolgens naar de grond waarin we de groenten laten groeien. Veel mensen zijn verbaasd dat de reguliere kasteelt van tomaten, komkommers, paprika en sla bijna volledig plaatsvindt in een hightech opstelling van water met een paar toegevoegde kunstmeststoffen. Ik leg ze uit dat wij de bodem als het belangrijkste onderdeel zien van ons landbouwsysteem en dat de gezondheid van planten daar begint. Ik eindig mijn verhaal met uit te leggen dat bodem, planten, dieren, boer én consument moeten samenwerken om de aarde en onszelf gezond te houden.

Naast de rondleidingen heb ik menige lezing gegeven, werkte ik met consumentenkringen, gaf ik krantjes uit en staat De Lepelaar prominent vermeld in de folder van Tuinpad Harenkarspel, waarvan er meer dan honderdduizend zijn verspreid. Ik heb het contact met mensen die ervoor open staan altijd opgezocht en als plezierig ervaren. Ik ervaar het vertrouwen dat ze me geven als bijzonder en laat me graag beïnvloeden door hun wensen en, met grenzen, door hun mening over onze producten en wat die mogen kosten. Vooral voor mensen die ondanks dat ze het moeilijk kunnen betalen toch kiezen voor Demeter heb ik grote bewondering. Die denken echt na over leven in een groter geheel.

Via onze boerderijwinkel ervaar ik de laatste jaren duidelijk een toename in de interesse voor biologische en biodynamische producten; met name bij jongeren. Het lijkt erop dat scholen meer aandacht besteden aan de natuur en aan goede voeding. Jonge moeders willen het beste voor hun kinderen en de media brengen de ontwikkelingen op het gebied van duurzaamheid, landbouw, voeding en de eigen verantwoordelijkheid in beeld. Ook op grote schaal groeit de verkoop van biologische voeding en neemt het aantal biologische bedrijven toe, maar nog niet naar een substantieel niveau. In economische zin is de sector, zeker relatief gezien tot de gangbare landbouw en voedingsindustrie, nog altijd marginaal.

Hoe kunnen we als biodynamische landbouwsector inspelen op de groeiende markt? En een grotere groep mensen interesseren voor de voeding dic wc produceren? Deze vragen houden mij al jaren bezig. De meeste BD-boeren houden zich niet bezig met het actief organiseren van aandacht voor het bedrijf en voor onze manier van werken. Dat begrijp ik ook. Boeren moeten zich ten eerste richten op de ontwikkeling van hun vakmanschap. Daar ligt hun verantwoordelijkheid. Boeren hebben

Biologische sector groeit

De totale voedselbesteding in Nederland steeg in 2011 met 2,8 procent ten opzichte van 2010. De bestedingen aan biologisch voedsel stegen in dat jaar ruim vijf keer zo snel: met 17,1 procent naar 880,9 miljoen euro. Het aandeel biologische voeding in de totale voedselbestedingen was in 2011 2,0 procent, gestegen van 1,7 procent in 2010. De totale omzet in Demeter-producten in Nederland wordt geschat op 40 miljoen euro per jaar. De verkoopcijfers van De Lepelaar groeiden gedurende veertig jaar gemiddeld als kool. Van 22duizend gulden in 1971 is het bedrijf in 2012 hard op weg naar een jaaromzet van een miljoen euro. Het aantal gecertificeerde biologische landbouwbedrijven in 2011 bedroeg 1.511. Daarmee was de groep met 3,4 procent gegroeid ten opzichte van een jaar eerder. Het aantal Demeter-bedrijven, gecertificeerd en aspirant, bedraagt 123. Dat aantal daalde van 200 in vijf jaar tijd. Het biologische landbouwareaal in Nederland nam in 2011 toe met 2,3 procent tot 55.182 hectare. Hiermee komt het aandeel biologisch areaal uit op 3,0 procent van het totale Nederlandse landbouwareaal, tegen 2,9 procent in 2010. Het areaal Demeter-grond bedraagt ongeveer 10 procent van het biologische areaal, zo'n 5.000 hectare.

Bronnen: LEI, onderdeel van Wageningen UR, 2012 en Stichting Demeter daarnaast niet de middelen om grotere groepen mensen – die vooral in de steden wonen – te bereiken. De overkoepelende BD-Vereniging en Stichting Demeter zijn aan zet, samen met de producenten van Demeter-eindproducten, de groothandels en de natuurvoedingswinkels. Hoe kunnen zij het verhaal van Demeter interessewekkend voor het voetlicht brengen? Zodanig dat de eigenheid van het Demeter-product, mede in vergelijking met het biologische product, duidelijk wordt. Voor dit vraagstuk zocht ik Wido Jonges op in Haarlem. Ik vroeg hem allereerst wat hij heeft met de biodynamische landbouw.

'Ik kom zelf niet uit de BD-landbouw, maar leerde die al jong kennen via mijn vader die in het bestuur zat van de BD-Vereniging', legt Wido Jonges uit. 'Mijn ouders waren al trouwe kopers van Demeter-producten, toen de retail hiervan nog in de 'geitenwollen sokken' periode zat. Mensen die toen in de reformwinkels kochten, waren de echte diehards; vooral in Zeist waar ik vandaan kom. Hun in mijn ogen dogmatische gedrevenheid zorgde bij mij in de jaren daarna voor een enorme afkeer. Gelukkig maakten de winkels vervolgens flinke inhaalslagen en werd biologische

Wido Jonges is Marketing- en Salesmanager bij Friederichs, een groothandel in de optiek- en juweliersbranche, in Heemstede. Jonges helpt Stichting Demeter vanuit zijn marketingachtergrond en enthousiasme voor de BD-landbouw met het ontwikkelen van goede Marketingcommunicatie over het Demeter-(keur)merk.

voeding aantrekkelijker neergezet. Pas na de geboorte van mijn kinderen kocht ik weer bewust Demeter-producten. Voor hen wilde ik de allerbeste voeding.
Het meest bijzondere aan de biodynamische landbouwmethode vind ik het streven van producenten om een mooie en goede wereld lokaal te realiseren. Als we deze landbouwmethode nu ook hipper en aantrekkelijker maken, dan zullen meer mensen Demeter-producten eerder omarmen, is mijn overtuiging. Je hoeft in ieder geval niet te wachten tot je kinderen hebt...
Het Demeter-verhaal is authentiek en oprecht. Ik vind het erg leuk om juist dit mooie verhaal neer te zetten. Waarom? Demeter is het oudste keurmerk voor landbouw en voeding. Demeter is het meest consistente keurmerk. En Demeter is het meest vooruitstrevende keurmerk, doordat het voeding probeert te optimaliseren in vitaliteit.'

Jan: Het verhaal van de biologisch-dynamische landbouw kent veel facetten op verschillende niveaus. Hoe kun je dat zo mooi mogelijk neerzetten? En effectief, waardoor de interesse van consumenten in onze manier van werken groeit en zij meer Demeter-producten gaan kopen?
'Het gaat voor mij om het verhaal van Demeter als het meest vitale landbouwproduct', legt Wido Jonges uit. 'Het kernaanbod van het Demeter-keurmerk is: 'Wij voegen vitaliteit toe aan de wereld'. Daarmee kun je alles wat je met Demeter doet terugbrengen naar dit ene aanbod en via voorbeelden uitleggen aan de consument. Het begrip 'vitaliteit' vertaal je dan vanuit het consumentenperspectief naar allerlei waarden, zoals het werken met wisselteelten, zaadvaste groenterassen en koeien die hoorns hebben. Zelfs het werken met de kosmos kun je uiteindelijk voor de moderne consument tastbaarder maken. Door te verwijzen naar herkenbare voorbeelden. Denk maar aan het ondenkbaar zijn van leven zonder de zon en de invloed van de volle maan op het slapen, op de menstruatie en op water, zoals bij eb en vloed. Dit verhaal en dat van het werken met de preparaten gaan heel diep en zullen slechts door een kleine groep mensen worden begrepen. Die zaken zijn alleen goed uit te leggen door de boer die gepassioneerd vertelt. Het is nog te vroeg om deze twee aspecten in de massacommunicatie naar voren te brengen. Nu moet de BD-beweging het verhaal eerst zo eenvoudig mogelijk en gericht op de consument brengen. Later kun je bij voldoende interesse mensen bijvoorbeeld uitnodigen op je bedrijf en ze meer vertellen over de diepere lagen van je manier van werken. Het 'laden' van het merk Demeter – oftewel zodanig betekenis geven dat het de gewenste beleving oproept – gaat stapje voor stapje, zodat het begrijpbaar blijft voor de consument.'

'Als slogan voor de communicatie rond Demeter in de winkels gebruiken we: 'Leven begint met Demeter', vertelt Jonges verder. 'Een krachtige vertaling van: 'Wij voegen vitaliteit toe aan de wereld', waarop we in allerlei facetten kunnen voortborduren. Leven duidt namelijk op jou, mij, ongeboren leven, volwassen leven, ouderdom, de aarde, bodemleven en levendigheid. Met Demeter begint dat leven in de aarde, de oorsprong, de bron. De kernkwaliteit van een Demeter-product zou moeten zijn dat het de top van de top is in voeding. Beter kan je niet krijgen. Dan moet je dus een bijbehorende positie krijgen en dat ook willen uitstralen. De beelden die we daarbij laten zien tonen de mooiste producten, zoals een knapperig verse groene kool of een prachtig brood, om via deze beelden een appèl te doen op het kopen van juist die mooie kwaliteitsproducten vol leven.

Naast het begrip vitaliteit gaat het ook om het 'toevoegen'. Dat is een hele belangrijke component. De biodynamische landbouw onttrekt niet, maar voegt juist toe! Wij werken aan rijker en beter vanuit een breed perspectief. We werken niet vanuit een zelfzuchtige houding, maar willen bijdragen aan een groter geheel. We willen bijvoorbeeld de bodem van de aarde vruchtbaarder achterlaten dan we hem aantroffen. En mede vanuit die vruchtbaarheid werken aan planten met levenskracht voor de beste voeding van mensen.

Voor Demeter is 'wij' ook essentieel. Het gaat niet alleen om de boer, maar ook om de producenten van eindproducten en de handel als belangrijke schakels in de keten van land naar consument. Ik richt me in eerste instantie ook tot de consument en niet tot het bredere begrip 'mens', omdat ik me met de communicatie wil beperken tot de mens die wil consumeren, die in staat is en bereid is tot aankoop van Demeter-producten. De grootste belemmering in de ontwikkeling van de BD-beweging is volgens mij namelijk het gebrek aan besef dat de mens ook consument is. En dat die consument navenant wil worden aangesproken.

De BD-landbouw produceert, maar heeft geen duidelijk beeld van de consument waarvoor men produceert en hoe die wil worden aangesproken. Neem de bedrijfsindividualiteit. De 'eigen manier' waarop BD-boeren hun dynamische ontwikkeling mogen vormgeven is waardevol, maar voor mij niet altijd vanzelfsprekend. Dat zit zo. Vanuit de marketinggedachte waarmee ik naar de BD-landbouw kijk, moet de sector eenduidig zijn in het beeld waarmee het de consument benadert. Dat beeld bestaat uit een aantal lagen die je continu waar moet kunnen maken. Ze moeten inzichtelijk en toetsbaar zijn om geloofwaardig te blijven.

Ik geef een voorbeeld. Recentelijk kwam een biodynamische veehouder met het idee om voortaan te gaan werken met een hoornloos koeienras. Dat vind ik geen handige ontwikkeling. Die komt net op het moment dat de BD-sector bezig is de eigen waarden als één front neer te zetten en eenduidig naar buiten toe te communiceren. Als elke boer mag bepalen wat hij wil en zijn eigen gang gaat, zonder zich te houden aan een gemeenschappelijke standaard, haakt de consument echt niet aan. Als je die mate van bedrijfsindividualiteit dan onder de noemer 'dynamisch' gaat verkopen – terwijl het dynamische verhaal daardoor niet meer goed is uit te leggen – gaat dat volgens mij enorm schuren. De bedoelingen zijn vast goed. Ik begrijp best dat die hoorns van koeien lastig zijn en een koeienras zonder hoorns dan een goede oplossing lijkt. Maar het is nu juist de uitdaging om naar de consument een helder en eenduidig beeld uit te stralen: Demeter-koeien hebben hoorns. Dat hoort een basisprincipe te zijn waarop de consument altijd kan vertrouwen. Met de introductie van een nieuw hoornloos ras binnen de BD-landbouw vertroebelt meteen het verhaal en raakt de consument verward.

De biodynamische landbouw onttrekt niet, maar voegt juist toe!

Als bijvoorbeeld Volvo een nieuwe auto produceert, presenteert het bedrijf de nieuwe snufjes altijd vanuit het belang van de consument: 'Met deze betere airbag bent u nog veiliger' of 'deze nieuwe motor bespaart u dertig procent brandstof'. Ik noem maar iets. Ze maken het verhaal begrijpelijk voor de consument om hem aan te zetten tot aankoop. Kun je zo'n verhaal niet houden, dan stokt het en haakt de consument af. Bij een BD-product zonder zo'n begrijpend verhaal ziet de consument in het beste geval nog dat er een Demeter-logo op is geplakt, maar kent de lading niet. Verder ziet die consument misschien dat het van De Lepelaar komt, maar dan stokt het verhaal. Waarom moet ik het nu kopen? Voor mij begínt het verhaal daar pas. In alle communicatie heb je aan de ene kant het begrip identiteit: datgene wat jij wilt zijn en wilt uitstralen naar de consument. Dus vanuit de afzender gedacht. En aan de andere kant heb je het begrip imago: hoe zien anderen jou? Dus gezien vanuit de ontvanger. De BD-producent zegt vanuit de sterke eigen identiteit: 'Kijk nou mensen, hier is mijn met passie gemaakte product!' Terwijl het imago bij de consument is: daar ligt een duur product waar ik de meerwaarde niet van begrijp. Het imago is dus nog: 'geitenwollen sokken', 'zweverig', 'wat een onzin', 'duur' en 'niet bewezen'.

Overigens: aan die laatste bewering maken andere branches zich continu schuldig en die komen er wel steeds goed mee weg. Kijk bijvoorbeeld eens naar alle reclame voor antirimpel crèmes en het geloof in die producten! Van de werking is niets bewezen, behalve in klinische testen die geen consument begrijpt. Desondanks verkoopt het volop. De producenten van die smeersels weten hun onzinboodschap blijkbaar goed en vooral geloofwaardig voor het voetlicht te brengen. Je kan dingen claimen in de communicatie die de mensen daarna voor waar aannemen als je het maar consequent blijft herhalen. Ik zeg met dit reclamevoorbeeld niet dat de BD-beweging nu onzin moet gaan verkopen. Of dat we nu voortaan eindeloos een beeld van rimpelloze jeugdige Demeter-consumenten gaan tonen. Ik gebruik het puur om aan te geven dat je consumenten kunt overtuigen van een verhaal en hoe je dat doet. Daar gaat het om. Hoe een product feitelijk geproduceerd wordt interesseert de gemiddelde consument niet. Men staat stil bij de boodschap. Bewust en onbewust. De Demeter-boodschap luidt dus wat mij betreft kort en krachtig: 'De vitaliteit die biodynamische landbouw toevoegt, leidt ertoe dat jij gezonder bent en blijft, je gezin gezonder is en blijft en dat de wereld gezonder is en blijft. Kortom, de BD-boeren voeren een hele serie verbeteringen door en het enige dat je hoeft te doen, is hun producten af te nemen'. Meer Jip en Janneke kan ik het niet zeggen'.

Jan: Dus de consument mag volgens jou gewoon redeneren: 'Ik doe mijn bijdrage aan een betere wereld door meer voor Demeter-producten te betalen en krijg daar ook persoonlijk meer voor terug'. Zo eenvoudig is het? Is dat niet egoïstisch?
'Zo eenvoudig is het en dat is prima', redeneert Wido Jonges. 'Als jij streeft naar

Einde van de Geitenwollensok

De Geitenwollensok is niet meer. Een groene levensstijl is de afgelopen veertig jaar aantrekkelijker geworden. Tweederde van de Nederlanders vindt het zelfs hip om biologisch te shoppen, zonnepanelen aan te schaffen en energie te besparen. Dat blijkt uit een onderzoek in opdracht van Natuur & Milieu in 2012. Het merendeel (87 procent) van de 1.246 door Motivacion ondervraagde personen vindt een schoon milieu noodzakelijk voor het voortbestaan van de samenleving. Ook is men zich ervan bewust dat consumenten door hun eigen keuzes en aankopen zelf kunnen bijdragen aan een schoner milieu. Daarvoor de portemonnee trekken is een ander verhaal. Ruim de helft (58 procent) geeft aan hiervoor liever niets extra te willen betalen. De helft van de respondenten vindt dat de overheid het meest verantwoordelijk is voor het oplossen van natuur- en milieuproblemen. Respectievelijk 21 procent en 18 procent achten hiervoor het bedrijfsleven en de burger het meest verantwoordelijk.
Bron: Dagblad Trouw 4 juli 2012.

de allerhoogste kwaliteit, ben je bereid om daar egoïstisch in te zijn en maak je daar keuzes in. Daar is niets mis mee. De hele economie is gebaseerd op het herbestemmen van geld. Steek je het hier of daar in? Reclame is niets anders dan mensen bewegen om vooral geld aan dat ene product te besteden, via de verleiding. Bijvoorbeeld: ik wil mijn geld besteden aan er niet oud uitzien, of aan het veilig rijden met mijn kinderen, of aan een onbezorgde vakantie. Allemaal subjectieve argumenten om geld te besteden. Hetzelfde zou moeten gelden voor Demeter: Ik wil mijn geld besteden aan de meest gezonde voeding voor mij en mijn familie.
Trouwens, wat denk je hoeveel kosten je de gemeenschap uiteindelijk bespaart door op deze manier preventief in je eigen gezondheid en die van je kinderen te investeren? Een keuze voor Demeter is nooit eenzijdig egoïstisch.
Stel je eens voor dat we drie miljoen euro reclamebudget zouden hebben voor Demeter. En we gaan die besteden aan het vergroten van de bewustwording van mensen dat er echt gezond voedsel bestaat. Dan hebben we met dat begrip vitaliteit meteen iets dat aansluit bij de interesses van deze tijd. 'Leven begint met Demeter' kan je op mooie manieren benutten in de communicatie. Het brengt voorspoed, geluk, een betere wereld... Je ziet om je heen steeds meer die bewustwordingstrend. Kijk maar naar het succes van een tijdschrift als Happinez, de interesse in duurzame energie en de opkomst van elektrische voertuigen.'

'Ik weet dat het niet eenvoudig is om jonge consumenten te overtuigen van het verhaal achter Demeter', vervolgt Jonges. 'Maar de tijd is er meer dan ooit rijp voor. De communicatiemogelijkheden zijn enorm uitgebreid en een fris, positief verhaal zal volgens mij zeker mensen aanspreken, omdat het aansluit bij de huidige tijd, waarin mensen het verhaal van een duurzame wereld steeds meer begrijpen en daar ook als consument vorm aan willen geven. Daarbij helpen steeds meer factoren, zoals documentaires op televisie. Een tijd terug ging het bij het programma De Keuringsdienst van Waarde over de teelt van voedermaïs. Ze kwamen in Argentinië terecht en na een hele dag rijden over het eindeloze platteland zoemden ze in op de voorruit van de auto: niets! Geen vliegje! Ze concludeerden dat alles was doodgespoten. Geen insecten meer. En ze hoorden en zagen ook geen enkele vogel meer. Dit soort boodschappen komt hard aan en prikkelt een steeds grotere groep mensen. Langzaam daagt het bewustzijn dat het fout gaat met de biodiversiteit.
En kijk wat er verder gebeurt. Unilever bant de plofkip! 'Hoezo plofkip?': hoor je mensen vragen. Reken maar dat dit soort ontwikkelingen mensen aan het denken zet. En zo ontstaat vanzelf het besef dat ze het anders willen. Dat ze kwaliteit willen. Dat ze vitaliteit willen. Als de biodynamische landbouw zich continu en eenduidig presenteert als dé landbouwvorm die vitaliteit toevoegt, dan komt de vraag naar

Demeter-producten vanzelf en is de hogere prijs van deze toegevoegde waarde gerechtvaardigd. Het onderscheidende karakter van de BD-landbouw heeft voldoende vermogen om de naar zingeving zoekende mens in de huidige tijd aan te spreken. Daar liggen de kansen voor een sterke groei van de afzet van Demeter-producten. Die groei komt als de BD-beweging uit de marge stapt en eindelijk zijn verhaal goed gaat vertellen. Als consumenten worden uitgenodigd om kennis te maken met het verhaal van Demeter; in de winkels en tijdens open dagen op de boerderij.

De waarden vanuit de biodynamische producenten zijn er altijd geweest. Niet voor niets is Demeter het oudste keurmerk. Ze zijn uiteindelijk voor een deel 'gekaapt' door de biologische landbouw. Zij zijn gaan pronken met de veren die eigenlijk de biodynamische landbouw toebehoren. Kan iedere biologische boer die veren dragen? Volgens mij is het tijd om de oude, ingewikkelde Landbouwcursus niet meer als uitgangspunt voor de moderne communicatie te nemen, maar juist de toegevoegde waarde die Demeter brengt voor de consument.

Het toekomstige onderscheidende vermogen van de natuurvoedingsbranche ligt in Demeter en niet meer bij het biologische product

Jan: Hoe krijgt de consument door dat een Demeter-product een meerwaarde biedt ten opzicht van een EKO-product?
'De BD-beweging moet allereerst niet communiceren over dezelfde waarden en normen waarmee de biologische landbouw zichzelf profileert', legt Jonges uit.
'Denk maar aan het afzien van genetische manipulatie of van pesticidengebruik. Bij Landgoed Kraaybeekerhof – waar Stichting Demeter kantoor houdt – staat groot: 'Wij zijn gentherapie vrij'. Dat is niet de handigste communicatie voor een Demeter-organisatie. Als ik namelijk de hoek omloop naar de Albert Heijn, staat datzelfde ook op het pak van Puur en Eerlijk. Zo onderscheid je jezelf niet. Demeter moet heel scherp kijken hoe ze zichzelf binnen de categorie duurzame producten kan profileren. Met het kernaanbod 'Wij voegen vitaliteit toe aan de wereld' onderscheidt de BD-landbouw zich duidelijk van de biologische landbouw. Daarmee zegt de biodynamische beweging dat ze de top wil zijn in landbouw en voedselproductie. Je zegt namelijk meteen dat er ook een landbouw is die niet toevoegt en dus minder kwaliteit biedt.

Als je Demeter neerzet als de hoogst haalbare kwaliteit voeding en dat ook gaat uitstralen, zijn er voldoende mogelijkheden om de interesse van consumenten in Demeter te vergroten. Je kunt topkoks laten werken met Demeter-producten en ze laten vertellen dat dit de absolute top is voor hun gasten. En waar smaak niet eenduidig genoeg is als keuzefactor – die verschilt namelijk vaak – is een begrip als authenticiteit dat wel. Daarbij denk ik bijvoorbeeld aan de specifieke BD-teelt van vergeten groenten als snijbiet, meiraapjes, pastinaak, winterpostelein en wortelpeterselie.'

'Het beeld van topmerk heeft wel als consequentie dat je die topkwaliteit aan alle kanten moet uitstralen', volgens Jonges. 'Ook in de natuurvoedingswinkels. Daar zie ik nog steeds Demeter-producten ergens onderop een schap staan. De winkeliers beseffen nog steeds niet dat ze met hun EKO-wijntjes en biologische pindakaas het verschil niet meer maken met supermarkten die inmiddels vol staan met vaak goedkopere biowijn en -pindakaas. Het toekomstige onderscheidende vermogen van de natuurvoedingsbranche ligt in Demeter en niet meer bij het biologische product. Met name daar zal het verhaal van de biodynamische landbouw moeten worden verteld en waargemaakt.'

Jan: Hoe werkt dat dan in de winkel?
'Het moet zo worden dat als ik een Demeter-product in mijn boodschappenkarretje leg, ik het gevoel krijg dat ik mezelf een schouderklopje geef', legt Jonges uit. Ten eerste leg ik dan het mooiste product in mijn karretje en weet ik dat het een topproduct is. Daarnaast zegt het iets over mij. Dat ik bewust een product koop, dat ik prioriteit geef aan de beste voeding en dat ik verder kijk dan prijs alleen. Ik ben als consument het laatste onderdeel van de keten. Met mijn aankoop maak ik het mogelijk dat 'wij vitaliteit toevoegen aan de wereld'. Ik dus ook. Daar mag ik als consument ook waardering voor krijgen.

Bij het communicatieproces over Demeter lopen we wel tegen een probleem aan. Op een potje kun je nog het een en ander uitleggen, maar het is de vraag hoe de consument bij verse groenten en fruit het gevoel krijgt: dit is nou Demeter! Op die lelijke zwarte bordjes aan de kisten in de winkel kun je niets kwijt. Ik wil voor Demeter een mooi vormgegeven bordje met daarop de mogelijkheid voor de winkelier om met een sticker de QR-code van de producent weer te geven. Zo'n QR-code kan ik snel en eenvoudig inlezen met de fotocamera van mijn mobiele telefoon. Zo krijg ik meteen informatie, bijvoorbeeld dat de sla is geteeld door De Lepelaar, wanneer die is geoogst, geplant en onder welk gesternte de krop is gegroeid. En hoe vitaal die krop wel niet is! Dat geeft mij de toegevoegde waarde die ik zoek. Dat maakt van die ene krop sla een topproduct.

Vanzelfsprekend zorgt de winkelier ervoor dat product en informatie bij elkaar horen en is een kratje met verschrompelde BD-sla uitgesloten. Zonder winkeliers die alleen het beste product willen verkopen en die garant staan voor het Demeter-merk, komt de succesvolle ontwikkeling van de BD-landbouw niet van de grond. Ook dat is onderdeel van het 'wij voegen vitaliteit toe aan de wereld.'

Jan: Ik heb nog één vraag. Denk jij dat je als mens anders wordt als je consequent biodynamische voeding eet? Wido Jonges denkt na. 'Die afweging heb ik zelf nooit gemaakt. Maar ik geloof wel dat je als mens dan vitaler bent, omdat je bewuste keuzes maakt in je leven. Een van die keuzes is dat je bewust meer geld uitgeeft voor een krop sla, die ergens anders veel goedkoper is, omdat je de meerwaarde van die sla ziet. Voor jezelf en voor je omgeving. Ik denk ook dat je bewuster andere dingen laat. Daarmee houd je er een andere levensinstelling op na. Je gaat dan ook bewuster om met je lichaam. En met je voeding, volgens mij het meest onderschatte medicijn op aarde en een essentiële bron van vitaliteit. Dat alles bij elkaar zorgt volgens mij voor een vitaler leven. Voor mijn kinderen wil ik altijd de beste voeding, maar mijn persoonlijke afweging om voor Demeter te kiezen, ligt altijd bij het grotere geheel. Voor mij betekent het kopen van Demeter-producten dat de boer, waarvan ik koop, kan blijven produceren en kan blijven werken aan die betere wereld.'

Op De Lepelaar verkopen we een deel van de productie via onze winkel. Verser kun je de groenten niet kopen. Gezien onze locatie in het buitengebied iets ten zuidwesten van de stad Schagen vervult de winkel vooral een regiofunctie voor een beperkt aantal consumenten. Het overgrote deel van de oogsten bereikt de keuken van de consument via een groothandel, producenten van eindproducten en winkels of markten. Ik leg Wido Jonges' visie over de marketingcommunicatie en de rol van winkels bij de afzet van Demeter-producten daarom voor aan Frank Niemeijer van

Frank Niemeijer is een van de directeuren van Estafette Odin BV, ketenorganisatie voor biologische en biodynamische voeding in Geldermalsen. Hij spreekt als vertegenwoordiger van de handelsketen vanaf de BD-boeren via de groothandel Odin, het Odin Groente- en fruitabonnement en de Estafettewinkels naar de consument.

ketenorganisatie Estafette Odin. Daarnaast spreek ik met hem over de voorwaarden om het Demeter-aanbod van vitaliteit en topkwaliteit ook in de toekomst waar te kunnen maken.

Jan: Ik las laatst over een recent onderzoek naar de aankoop van Demeter-producten.[1] Daaruit blijkt dat consumenten deze producten minder kopen, omdat ze beperkt beschikbaar zijn. Daarnaast herkent de consument ze minder als specifiek BD-product. De belangrijkste redenen voor de aanschaf van BD-producten zijn onzelfzuchtig, zoals 'respect voor de aarde en het leven' en 'duurzaam en milieuvriendelijk'. Demeter-producten zouden baat hebben bij een betere bekendheid en beschikbaarheid tegen een aantrekkelijker prijs (via aanbiedingen en kortingen), aldus het rapport. Zijn jullie voldoende in staat om de consument in de winkels bekender te maken met de waarde van het Demeter-aanbod?

'Of het voldoende is, weet ik niet, maar we communiceren al vanaf de oprichting van Odin als verdeelcentrum in 1983 over de meerwaarde van de biodynamische visie op landbouw en economie. Op verschillende manieren, zoals via de nieuwsbrieven in de tassen van het Odin Groente- en fruitabonnement en op de websites Odin.nl en Estafette.org. We leggen bijvoorbeeld uit dat we teelten plannen met een aantal boeren. Om daarmee de vraag van consumenten en de productie op elkaar af te stemmen en boeren zekerheid van inkomen te geven. In de communicatie en acties rond onze eigen imkerij vertellen we over samenhang in de natuur en de rol van bijen. En we gaan dit jaar bij het groenteschap communiceren welke telers de belangrijkste groenten leveren. Zo proberen we de producten een gezicht en verhaal te geven. En daarmee het bewustzijn van consumenten over de samenhang tussen landbouw, economie, voeding en gezondheid te vergroten. Hippe marketingcommunicatie, zoals Wido Jonges die nu samen met Stichting Demeter ontwikkelt, draagt bij aan dit proces. Ik vraag me echter af of dat het wondermiddel is.'

Jan: Odin en Estafette zijn al zo lang bezig met bouwen aan jullie ideaal. Waarom zijn jullie niet veel groter?
'Omdat er nog steeds niet voldoende echte vraag is vanuit de consument. Dat kun je ook niet afdwingen. Het bewustzijn verschuift nu misschien iets sneller, maar ik geloof niet in grote stappen. Je ziet hierin duidelijk het verschil tussen de mens en zijn rol als consument. De mens erkent volmondig het belang van duurzaamheid,

---

1 *Consumenten van Demeterproducten*; M. Reinders en I. van den Berg, LEI, 2011.

natuurbescherming en gezondheid. Zodra het er echter op aankomt daarbij als consument keuzes te maken en meer te betalen, haakt de meerderheid af en wijst naar de overheid. Pas zodra mensen ook als consumenten verantwoordelijkheid nemen, zal het beeld wezenlijk veranderen.

We werken nu voor een kleine groep consumenten die zich wel bewust is van de samenhangen van waaruit de biodynamische landbouw en wij werken. Voor die consumenten doen we alles om ze het voordeel van onze visie en manier van werken te laten ervaren. In de volle breedte. Op de werkvloer. Alleen mooie verhalen vertellen is doen aan liefdadigheid. De zekerheid dat de BD-kwaliteit van voeding in de toekomst beschikbaar blijft is ook economisch voordeel. Of sterker nog, dat je bij jouw winkel specifiek de producten van De Lepelaar kunt kopen. Het besef dat je met jouw besteding boeren een eerlijk inkomen geeft, hoort eveneens daarbij. Daarom is het ook belangrijk stil te staan bij de keuze in welke winkel je koopt. Jouw besteding werkt namelijk door in de hele keten. Dit laatste aspect vinden wij heel belangrijk. Deze voorbeelden sluiten precies aan bij de 'onzelfzuchtige' redenen uit het consumentenonderzoek dat je noemde. Ze vertalen de meerwaarde waar de bewuste consument aan hecht. Een meerwaarde die verder gaat dan alleen geld, smaak en de eigen gezondheid. Die breedte maakt het ook lastig om consumenten eenduidig aan te spreken.'

'De rol van communicatie is heel belangrijk', vertelt Frank Niemeijer verder. 'Desalniettemin heeft voor Estafette de praktijk van het organiseren van de stroom van land naar keuken de eerste prioriteit. We willen het waarmaken. Precies zoals Wido Jonges aangeeft, moet die praktijk eerst en altijd kloppen: de sla moet vers zijn, de wortelen lekker en de medewerkers overtuigd van onze visie. Pas dan is het voordeel in alle aspecten duidelijk voor de consument. Daar hebben we nog veel werk in te verzetten, samen met de telers.
Wij geloven dat de BD-landbouw zich alleen gezond kan ontwikkelen als consumenten hun behoeften bewust verbinden met de manier van werken van telers, producenten, tussenhandel en winkels. Hoe? Door hun koopgedrag. Daarmee maak je duidelijk welke kwaliteit je wilt. En daarmee investeer je in die landbouw, productie en economie die de gewenste kwaliteit mogelijk maakt.
Het grootste deel van de economie werkt nu nog met een systeem van ieder voor zich. Daarin zoekt elke schakel van de keten naar maximale optimalisatie van zijn eigen winst. Dat is denken op de korte termijn en zie je terug in de moderne voedingsstromen via supermarkten. Daar hebben een paar enorme multinationals zoveel macht opgebouwd dat zij bepalen wat mensen eten. En bij wie ze dat inkopen

en tegen welke prijs. De consument heeft daar niets over te zeggen. Die kan alleen maar kopen. Welk voordeel heeft die consument daarbij op de langere termijn? Het steeds goedkoper aanbieden van voeding levert op korte termijn zeker financieel voordeel op. Goedkoop wordt echter uiteindelijk duurkoop. In onze visie bedreigt deze ontwikkeling op langere termijn namelijk de kwaliteit van die voeding, de bodem en de gezondheid. Daarnaast wordt het voortbestaan van telers en producenten onzeker en verdwijnt daarmee het voordeel voor de consument waar die op het eerste gezicht zo blij mee was.'

De zekerheid dat de BD-kwaliteit van voeding in de toekomst beschikbaar blijft is ook economisch voordeel

Jan: Uiteindelijk gaat het volgens mij om de echtheid van het verhaal achter je bedrijf: waar werk je voor en hoe doe je dat? En is het feit of een multinational het bedrijf financiert daaraan ondergeschikt. Elk initiatief begint met een spirituele beweegreden, dan komt het sociale facet van de manier waarop je met elkaar werkt en vervolgens het economische. In die geestelijke kant zit ook de communicatie. Die is heel wezenlijk voor het succes van de organisatie. Ik ben blij met Wido's initiatief en de nieuwe ontwikkelingen in de branche. De oude manier van communiceren en presentatie in de winkels leidt tot stilstand. Dat is funest voor de hele keten. Een landbouwbedrijf dat niet groeit, sluit de ogen voor innovatie en ontwikkelingsmogelijkheden. Dan verlies je het helemaal ten opzichte van wel groeiende gangbare bedrijven. Groei is noodzakelijk om blijvend een redelijk inkomen te vergaren. Dat gebrek zie ik nog steeds te veel in de biodynamische sector. Logisch dat een zoon of dochter het bedrijf niet wil overnemen bij het zien van het jarenlange geploeter van hun ouders.
Aansluiting zoeken bij jonge moderne consumenten stelt andere eisen aan de communicatie en de uitstraling van verpakkingen, de winkel en de kleding van het personeel. Ik vind de nieuwe winkelformules in de natuurvoeding trendy en gezellig. Het gaat bij Estafette ook om de vraag welk verhaal hoort bij de manier waarop jullie de BD-producten vermarkten, zodanig verteld dat het steeds meer mensen bereikt.

Frank Niemeijer: 'Klopt, maar daarbij hoort wel een bepaalde schaalgrootte aan goederenstromen om het verhaal basis te geven en waar te kunnen maken. Een verhaal zonder bijkomende economische realiteit levert niets op. Consumenten rekenen ons af op hoe wij de basis verzorgen. Idealisme zonder zakelijkheid werkt niet. We willen daarom voorzichtig groeien en het verhaal over wat wij anders doen, en waarom, daarin mee laten gaan. Wij bieden een alternatief voor de korte termijn benadering. Door als actieve schakel tussen boeren en consumenten te werken vanuit dezelfde waarden als de biodynamische landbouw: vanuit samenhang, integer, vernieuwend en transparant. Zo willen we consumentenbehoeften aan de beste kwaliteit voeding blijvend invullen met teelten bij boeren en productie bij producenten waarvan we weten dat ze met een sterk gevoel voor samenhang werken aan de beste kwaliteit.

Wij bieden een alternatief voor de korte termijn benadering

Het succes van ons alternatief en volgens mij ook van de afzet van Demeter-producten gaat niet vanzelf. Onze economische benadering draait om solidariteit. Om daar succesvol mee te zijn en te blijven, zie ik een aantal belangrijke voorwaarden. Zoals gezegd zal allereerst bij consumenten het besef moeten groeien dat gezondheid en duurzaamheid samenhangen met gezonde voeding, natuur, landbouw en economie. Daarover gaan we graag met meer consumenten in gesprek.
Om consumenten meer stem te geven wordt Estafette Odin uiteindelijk een consumentencoöperatie. In die coöperatie kunnen consumentenleden meekijken naar hoe wij werken en hun verbinding met boeren en producenten actiever vormgeven. Vanuit de transparante manier waarop we dat doen, bouwen we aan consumentenvertrouwen. Vertrouwen in de toegevoegde waarde van Demeter is een tweede essentiële voorwaarde. Dat vertrouwen kan alleen bestaan als de consument beseft dat ook wij fouten maken en dat de economische praktijk continu te verbeteren valt.

Het vergroten van het bewustzijn, van het vertrouwen en daarmee van de afzet van Demeter-producten kost vooral tijd. Dat kunnen ook wij niet afdwingen met miljoenen euro's aan tv-spotjes. Zulke bedragen uitgeven aan marketing past ook helemaal niet bij onze visie. Wij doen ook aan marketing, maar in de juiste verhoudingen. Ik besteed het geld dat consumenten ons toevertrouwen liever aan investeringen in nieuwe winkels dan aan communicatie waarmee ik bijna niemand bereik.
We dragen wel bij aan het bewustwordingsproces door onze medewerkers te stimuleren om zich van binnenuit te verbinden met biodynamische producten en landbouw. Daar investeren we in, mede via de Estafette Academie: een honderd procent

door Estafette gefinancierde opleiding om medewerkers én klanten te scholen in onze visie, missie en de achtergronden van onze werkwijze. Door deze opleiding en eigen interesse zijn onze medewerkers in staat om uit te leggen wat een Demeter-product anders maakt. En wat wij verstaan onder het samen met consumenten werken aan vitale landbouw en nieuwe economie.'

Jan: Met 'nieuwe economie' bedoel je vast de eco-economie waar Jan Diek van Mansvelt eerder over sprak. Herman Wijffels schetst van deze economie verderop in het boek de contouren. De kansen die de brede maatschappelijke aandacht voor duurzaamheid biedt voor natuurvoedingswinkels, gelden daarmee bij uitstek ook voor Demeter-producten. Demeter-producten zijn namelijk alleen daar verkrijgbaar en niet in supermarkten, sinds jaren het belangrijkste afzetkanaal voor biologische producten. In de natuurvoedingswinkels moet het dus gebeuren. Ook in jullie eigen belang. In Demeter als topmerk ligt volgens Wido Jonges jullie onderscheidende vermogen ten opzichte van de supermarkt. Hoe zie jij dat?

'Daar ben ik het mee eens. Ik zie dat we verantwoordelijkheid hebben voor de afzet van Demeter-producten. En ook de kans om ons daarmee te onderscheiden. Vanuit de vraag naar nog betere kwaliteit kan het zijn dat we in onze winkels EKO-producten vervangen voor Demeter, maar niet persé. Helemaal overgaan op Demeter is nu helemaal geen optie. Dat betekent sluiten. We zijn nog steeds veel te afhankelijk van de verkoop van biologische producten. Daarnaast is de intentie van de betrokken telers en de producenten voor ons belangrijker dat alleen het Demeter-keurmerk. Het zal vooral betekenen dat we nog meer producten onder het eigen merk Odin gaan verkopen. Met dit merk laten we in de economische praktijk zien welke producten consumenten het voordeel bieden van vitale voeding, vruchtbare aarde en vernieuwende economie.'

'In het supermarktkanaal hoort Demeter overigens helemaal niet thuis', stelt Niemeijer verder. 'Het streven naar maximale winst voor een kleine groep druist volledig in tegen de uitgangspunten van de BD-landbouw. In Duitsland heeft de landelijke Demeter-vereniging de verkoop van Demeter in supermarkten zelfs verboden. Begrijpelijk als je ziet wat er in de supermarkten gebeurt met biologisch. De prijsvorming van biologische producten is daar namelijk gekoppeld aan die van gangbare. Ze mogen maar maximaal zoveel procent afwijken. Dat uitgangspunt drukt de prijzen van biologische producten steeds meer in de richting van gangbaar. Welke gevolgen heeft dat voor de bodemvruchtbaarheid en het dierenwelzijn in de sector; kortom de kwaliteit? Biologisch als keurmerk zegt mij steeds minder. Veertig jaar geleden stond biologisch bijna synoniem aan biologisch-dynamisch. Die toen gedeelde oorspronkelijke waarden raken onder druk van de supermarkten uitgehold. Vanuit het geheel kijkend is het dus net zo belangrijk via welke weg Demeter-producten de consument bereiken. Ook binnen de natuurvoedingsbranche bestaat verschil tussen de winkels. Een deel kopieert inmiddels de supermarkten. Ze gaan voor de laagste prijzen en de hoogste winst voor slechts enkele aandeelhouders. Wij doen daar niet aan mee.

Bij een duurzame organisatie van de beste BD-voedingskwaliteit hoort een passende kostprijs. Consumenten die gaan voor de laagste prijs moeten niet bij Estafette zijn. Wij blijven werken voor de lange termijn en het grote geheel. Het kapitaal waar wij mee werken staat in dienst van de organisatie van de afzet van Demeter-producten en bevordering van de biodynamische landbouw. Als we geld overhouden, investeren we dat in nieuwe winkels. Zo laten we het kapitaal blijvend werken aan de afzet van de beste kwaliteit voeding.'

Jan: Die kwaliteit moeten wij als boeren ook continu waarmaken. De groei van De Lepelaar is voor mij een bevestiging dat wij ons deel van die afspraak met de winkels en consumenten nakomen door continue te werken aan kwaliteit, versheid en innovatie. We zeggen niet snel nee tegen teeltverzoeken vanuit de handel en zorgen regelmatig ook zelf voor een nieuwe groenteverrassing. Daar ben ik trots op. Vanuit heel Nederland krijgen we bijvoorbeeld vraag naar onze Frieslander aardappelen. Geweldig dat wij die behoefte als klein bedrijf weten in te vullen. Die specifieke teelt geeft ons ruimte te werken aan onze eigenheid. Het gaat niet om zomaar Frieslanders, maar om Frieslanders in de Demeter-kwaliteit van De Lepelaar.
Ik stel wel grenzen aan het voldoen aan de behoeften van de consument. Die moeten wel in evenwicht zijn met wat ik als producent en ondernemer nodig heb om de kwaliteit blijvend te kunnen verzorgen. Als de Nederlandse consument bijvoorbeeld veel minder wil betalen dan de Duitse, exporteer ik. Door te exporteren heeft De Lepelaar de moeilijke jaren '80 overleefd.

Ik hoop dat meer vraag vanuit de markt de bestaande Demeter-bedrijven ruimte geeft om te kunnen groeien als volwaardig landbouwbedrijf. Ik zie namelijk ook dat BD-bedrijven vaak gedwongen door economische omstandigheden kiezen voor aanvullende niet-landbouwactiviteiten, zoals zorg en recreatie. Dat zou niet noodzakelijk moeten zijn. Met De Lepelaar heb ik altijd bewust gekozen voor een volwaardig productiebedrijf in de tuinbouw. Dat kan alleen als je bedrijf voldoende afzetmogelijkheden heeft tegen prijzen die de verzorging en groei van het bedrijf blijvend mogelijk maken. Ik hecht waarde aan de grote verscheidenheid aan bedrijfsidentiteiten als een wezenlijk kenmerk van de biodynamische landbouw. Iedere boer maakt daarin innerlijke keuzes om die identiteit vorm te geven. Dat moet niet gebeuren vanuit economische dwang.

Een pergolasysteem is voor mij ondenkbaar. In dit systeem betalen consumenten het inkomen van de boer vooruit en levert de boer gespreid over het jaar een samen vastgesteld pakket groenten. De betrokken consumenten werken deels ook mee op het bedrijf. Een pergola is het meest innige samenwerkingsverband tussen boer en consumenten. Voor zoiets is De Lepelaar veel te groot. Ik weet na veertig jaar inmiddels hoe de afzet werkt. We hebben goede relaties met onze handelspartners, waaronder Udea en Estafette Odin. De keten betekent voor ons inmiddels een stabiele vorm van samenwerking waarin we met elkaar teelten plannen en innovaties ontwikkelen.

Het gaat niet om zomaar Frieslanders, maar om Frieslanders in de Demeter-kwaliteit van De Lepelaar

Voor de toekomstige groei en innovatie van biodynamische bedrijven, gelden nog meer voorwaarden. Financieringsmogelijkheden bijvoorbeeld. Als het om financiering gaat, ben ik altijd zakelijk. Ik kies bijvoorbeeld niet vanuit ideële motieven persé voor een ideële bank. De biodynamische landbouw is in een volwassen fase beland. Daarbij past vanuit de banken een benadering als elk ander bedrijf. Ik ben tegenstander van allerlei idealistische stimuleringsregelingen. Het moeten voldoen aan de normale zakelijke eisen dwingt boeren om hun bedrijf zodanig te leiden dat ze dat kunnen. De Lepelaar doet dat, zelfs na de enorme investeringen met de bouw van een volledig nieuw bedrijf in 2004. De ABN AMRO Bank is dan ook blij met ons. Blijven er voldoende Demeter-bedrijven over om deze kwaliteit voeding ook in de toekomst te verzorgen als de oude garde stopt? Financiering is namelijk vaak ook een probleem bij het vraagstuk van de bedrijfsopvolging. Volgens Stichting Demeter hield de afgelopen jaren de beslissing bij ongeveer 25 procent van de stoppende Demeter-bedrijven verband met het opvolgingsvraagstuk. Veel boeren zijn voor hun pensioen afhankelijk van de verkoop van hun grond. Voor jonge boeren is die financieringslast meestal veel te hoog. Pensioen moet je financieren uit de opbrengsten uit arbeid, niet uit de verkoop van grond. Inge en ik hebben het einde van ons werkzame leven op De Lepelaar op tijd onderkend. De komst van Joris Kollewijn als jonge

Als consumenten ons vertrouwen en we maken dat vertrouwen waar, ontstaat een mooie ontwikkeling voor iedereen

gedreven ondernemer op ons bedrijf geeft De Lepelaar zicht op een mooie toekomst. Het goed regelen van de opvolging vraagt aandacht en willen meebewegen. Gelukkig krijgt het thema de laatste jaren volop aandacht binnen de BD-Vereniging in speciale werkgroepen voor bedrijfscontinuïteit.

'De Estafette Academie deed in 2009 en 2010 ook onderzoek naar dit vraagstuk', vult Frank Niemeijer aan. 'Op basis van de uitkomsten hebben we het begeleidingstraject 'bedrijfscontinuïteit in gemeenschap' ontwikkeld. Daarin speelt het opvolgingsvraagstuk een belangrijke rol. Gezien vanuit de gemeenschapsvorming. De brede insteek wierp in Oost-Nederland al zijn vruchten af. Een aantal BD-boeren kwam tot bewustzijn over het belang van het waarborgen van de bedrijfscontinuïteit. Ze richtten een gezamenlijk BD-fonds op en storten daar elk jaar een deel van hun omzet in. Met als doel initiatieven te steunen die de continuïteit van Demeter-ontwikkeling ondersteunt. Door mee te denken en te begeleiden werkt Estafette actief mee om BD-grond en -productie voor de toekomst te behouden.'

Jan: Over opvolging gesproken. Warmonderhof, het opleidingscentrum voor de BD-landbouw in Dronten, levert prima jonge mensen af om de openvallende plekken bij stoppende BD-boeren in te nemen. Die school doet goed werk in het onderwijzen en begeleiden van jonge mensen op weg naar een beroepsontwikkeling in de biodynamische landbouw. Zowel Inge als Joris zijn er opgeleid en De Lepelaar heeft menige stagiair een ervaringsplek geboden. Aansprekend en goed onderwijs is ook een voorwaarde voor de toekomstige ontwikkeling van de biodynamische landbouw. Naast wetenschappelijk onderzoek, waarin het Louis Bolk Instituut van onschatbare waarde is. Hier doen onder meer mijn gesprekspartners Machteld Huber en Udo Prins met een zeer klein budget baanbrekend onderzoek. Het grote onderzoeksgeld gaat vooral buiten de landbouw zelf om naar universiteiten en adviescommissies vanuit de overheid. Die willen de landbouw nog steeds inrichten naar grootschalige productie op efficiënte megamelkveebedrijven, waar geen dier meer buiten komt, en grondloze hightech oplossingen in de glastuinbouw. De boer wordt daarbij nog meer dan nu van buiten zijn bedrijf aangestuurd.

'De consument kan meer positieve ontwikkelingen mogelijk maken', besluit Frank Niemeijer. 'Als we meer consumenten enthousiast kunnen maken voor Estafette, krijgen wij financiële ruimte om een nog actievere rol te spelen als bemiddelaar bij de groei van de biodynamische landbouw. Dat is onderdeel van onze missie. Dan kunnen we bijvoorbeeld de opleiding van boeren op de Warmonderhof steunen of gericht jonge mensen stimuleren om BD-boer te worden. Dan kunnen we onderzoek steunen om de waarde van Demeter verder in de wetenschap te laten doordringen. Of we vragen producenten om nog meer Demeter-producten te ontwikkelen. Als consumenten ons vertrouwen en we maken dat vertrouwen waar, ontstaat een mooie ontwikkeling voor iedereen.'

In de biologisch-dynamische landbouw vormt een gezonde, vruchtbare bodem de hoeksteen van de verzorging van planten. Het doel is de gewassen zo sterk en gezond mogelijk te laten opgroeien en rijpen. BD-boeren moeten zeker tien jaar vooruit denken om dit proces naar vruchtbaarheid zo optimaal mogelijk in te richten en op te bouwen. In het belang van een gezonde plant werken ze bij uitstek preventief. Hoe vertaalt zich dit naar de gezondheid van mensen, vraag ik me af. Wat valt daar waar te nemen? Ik herinner me nog goed dat mijn docent biologie aan de middelbare land- en tuinbouwschool, de heer Ir Kiestra, ons uitlegde dat plant en mens dichter aan elkaar verwant zijn dan menigeen denkt. Minder blij met zijn bewering word ik, wanneer ik om mij heen zie hoeveel miljoenen kilo's chemisch-synthetische bestrijdingsmiddelen over de bodem en de gewassen van reguliere akkers worden gespoten. Jaar in jaar uit, al decennialang. Het is lastig om aan te tonen welke gevolgen deze continue strijd tegen onkruid, insecten, schimmels en ander natuurlijk leven heeft voor de gezondheid van mensen. Met de opmerking van mijn oude biologiedocent in gedachten, zegt mijn gezonde boerenverstand echter dat het op de lange termijn zeer schadelijk moet zijn.

De Lepelaar is met de jaren steeds bekender geworden als een bedrijf dat gezonde groenten verbouwt. Regelmatig kwamen dan ook mensen onze producten kopen vanwege een dieet of ernstige ziekte. Ze wilden de werking van vaak heftige medische behandelingen ondersteunen met goede voeding. Een belangrijk voorbeeld was het Moermandieet; populair eind jaren zeventig. De rode bieten waren niet aan te slepen. Terecht, want deze groente bevat bij uitstek veel anti-oxidanten. Rode biet is ook een van de weinige groenten waarvan de kwaliteit, waaronder het gehalte vitamine C, toeneemt naarmate de groente ouder wordt. Andere patiënten leefden een periode op alleen maar komkommersap. Sommige voedingstherapieën sloegen door en ontbeerden elke wetenschappelijke onderbouwing.
Ik ben ook geen wetenschapper, maar heb wel kunnen waarnemen dat veel ernstig zieke klanten met hun nieuwe dieet een verbetering van kwaliteit van leven ervoe-

ren. Ze vertelden me hoe ze zich voelden opleven bij het op een positieve manier omgaan met voeding, lichaam en geest. Deze ervaringen bevestigden mijn eigen overtuiging dat mensen energieker zijn als ze gezonde voeding bewust een belangrijke plek in hun leven geven.

Houdt de BD-verzorging van bodem en planten ons wellicht een interessante spiegel voor, als het gaat om onze eigen gezondheid? Ik denk dan aan het vooruitdenken en aan het werken aan de preventie van ziekten. In plaats van bestrijden met agressieve, onnatuurlijke middelen. Dit beeld kwam ook in mij op tijdens een bijeenkomst van de groep 'vooruitdenkers' binnen de provincie Noord-Holland, waar ik deel van uitmaak. In deze bijeenkomsten kijken we met mensen uit onder meer de medische wereld, overheid, energie- en bouwwereld naar de toekomstige inrichting van de provincie. Tijdens de bijeenkomst uitte een van de directeuren van het Medisch Centrum Alkmaar zijn zorgen over de gezondheidszorg in Nederland. Volgens hem lopen de kosten van de gezondheidszorg veel te sterk op. Het alleen maar behandelen van ziekten is dan ook niet veel langer haalbaar. 'We moeten veel meer naar gezondheid en het bevorderen daarvan kijken. Mijn ziekenhuis moet een instelling worden voor de preventie van ziekte. Het moet niet langer ziekenhuis heten, maar gezondheidscentrum', aldus de directeur.

Toenemende zorgkosten
In 2011 bedroegen de totale uitgaven aan de gezondheids- en welzijnszorg 90,0 miljard euro. Dit is 3,2 procent meer dan in 2010. De economische groei bedroeg in 2010 1,8 procent en in 2011 1,0 procent. De beleidsagenda voor 2012 van het ministerie van Volksgezondheid, Welzijn en Sport start dan ook met de volgende zin: 'De zorgkosten stijgen de laatste jaren sneller dan de economie groeit en drukken daardoor steeds meer op de collectieve uitgaven'. Het aandeel van de zorguitgaven in het bruto binnenlands product (bbp) steeg in 2011 licht tot 14,9 procent. De zorguitgaven in 2011 per hoofd van de bevolking bedroegen 5.392 euro. In 2010 was dat 5.247 euro. Door de groei en vergrijzing van de Nederlandse bevolking zullen de zorgkosten naar verwachting verder toenemen, onder meer door het stijgende aantal chronisch zieken. Volgens het RIVM zijn veel gezondheidsproblemen mede het gevolg van een ongezond voedingspatroon en te weinig beweging.
Bronnen: CBS en RIVM

We leven gemiddeld langer, maar gezond oud worden is voor steeds meer mensen een flinke opgave. Ik bedacht me dat iedereen heel makkelijk praat over gezondheid en gezonde voeding, maar wat is gezondheid eigenlijk? Ik vind mijn groenten supergezond. Hoe die groenten mijn gezondheid precies ondersteunen, weet ik echter niet precies. En hoe leidt mijn verzorging van de bodem en de planten tot de juiste voedingskwaliteit? Als er één persoon is die daarover meer kan vertellen, is het Machteld Huber.

Ik begin het gesprek door Machteld Huber te vragen wat zij vindt van de stelling van de directeur van het Medisch Centrum Alkmaar over preventieve gezondheidszorg. Machteld Huber: 'Ik ben het daar mee eens! En tegelijkertijd ben ik benieuwd naar wat hij verstaat onder gezondheid. Tot op heden bestaat daarover namelijk geen echte overeenstemming. De definitie van de Wereldgezondheidsorganisatie, de WHO, is heel mooi maar heel onpraktisch: "Gezondheid is een toestand van compleet fysiek, mentaal en sociaal welbevinden en niet slechts de afwezigheid van ziekte". Dit geldt als de algemene definitie, maar daar is in toenemende mate kritiek op. Wanneer heeft iemand zo'n toestand bereikt en hoe meet je dat? Ik werk nu aan een andere omschrijving van gezondheid die meer praktisch toepasbaar is. Gezondheid is daarin het vermogen om je aan allerlei omstandigheden aan te passen en daarbij tevens zelf de regie te blijven voeren; voor zover dat mogelijk is als je een ziekte hebt. Het is een overkoepelende definitie die ik nog verder ga uitwerken naar de praktijk. Ik zal proberen uit te leggen hoe ik tot deze definitie kom. In mijn visie speelt voeding een cruciale rol als het om gezondheid gaat. Mijn belangrijkste onderzoeksvraag is al jaren: is biologische en biodynamische voeding gezonder dan gangbaar geproduceerde voeding? Die vraag bleek lastig met stelligheid te beantwoorden, mede omdat het begrip gezondheid wetenschappelijk niet was uitgewerkt. Daarom kon ik uiteindelijk geen conclusies trekken in het onderzoek dat ik deed met

Drs Machteld Huber is arts en senioronderzoeker Voedingskwaliteit & Gezondheid aan het Louis Bolk Instituut in Driebergen. Door haar medische achtergrond en onderzoekswerk tussen en met landbouwonderzoekers interesseert zij zich zeer voor onderwerpen waarbij gezondheid en landbouw samenkomen.

kippen. Daarbij lieten we van twee generaties kippen één groep opgroeien met biologisch geteeld voer en een andere vergelijkbare groep met gangbaar geteeld voer. We maakten in de tweede generatie beide groepen een beetje ziek. En wat bleek? De biologisch gevoerde kippen reageerden veel krachtiger en herstelden zich sneller dan de gangbaar gevoerde kippen. Ik vermoed dat dit niet kwam door een of ander geïsoleerd stofje, maar door het totale biologisch geteelde voer dat de kippen kregen. Door verschillende teeltmethoden – zoals de biologische of BD-teelt ten opzichte van de gangbare teelt – treden kleine verschillen op in gehaltes van heel veel stoffen. Tot nu toe kijken onderzoekers vooral naar grote verschillen in gehaltes van één stof. Maar die vele kleine verschillen bij elkaar tezamen zouden wel eens meer effect kunnen hebben dan tot nu toe werd gedacht. In mijn onderzoek kon ik – wetenschappelijk – dus geen conclusie trekken ten aanzien van de gezondheid van de kippen. Dat motiveert mij om nu aan het begrip gezondheid te werken. Ik heb in opdracht van de overheid hierover een internationale conferentie georganiseerd, waarin deze nieuwe omschrijving is ontwikkeld. Daarover heb ik met een aantal anderen een artikel in de British Medical Journal[2] gepubliceerd. We ontmoeten veel bijval. Ik vind bij onze benadering het begrip 'veerkracht' een mooie term. Wie gezond is, beschikt over voldoende veerkracht om een ziekte op te vangen en er zo mogelijk van te herstellen. En wij beschouwen ook het vermogen om als mens zelf lichamelijk en geestelijk sturing te geven aan dit proces als een aspect van gezondheid.'

---

[2] How should we define health? Machteld Huber e.a; British Medical Journal. 343(4163):235-237. Gepubliceerd op 26 juli 2011

Louis Bolk Instituut
Het Louis Bolk Instituut richt zich specifiek op (inter)nationaal onderzoek en advies binnen de duurzame landbouw, voeding en gezondheidszorg. Het onderzoeksterrein beslaat de hele agrarische keten, van bodem, plant en dier tot voeding en gezondheid. Louis Bolk (1866 - 1930) was hoogleraar humane anatomie aan de Universiteit van Amsterdam. Hij had als motto: 'hoe ruimer zou onze opvatting van het leven zijn, indien het ons gegeven ware dit eens te bestuderen met verkleinglazen in plaats van met vergrootglazen'.

Jan: Wat ik laatst in de kas van mijn bedrijf ontdekte, sluit naadloos aan op jouw verhaal. We telen al veertig jaar peterselie op De Lepelaar. In het begin was de plant zo sterk dat ik nauwelijks ziektes zag. Toen we in 2004 op 't Rijpje op nieuwe grond verder gingen, sloeg de meeldauwschimmel krachtig toe. Regelmatig mislukten complete teelten. Nu – na zeven jaar biologisch-dynamische bewerking van de bodem – zie ik eerst nog wel meeldauw, maar de plant groeit door en produceert alsnog nieuw gezond blad. De peterselie heeft blijkbaar nu wel voldoende veerkracht – zoals jij het noemt – om de meeldauw te overwinnen. Toen we net omschakelden lukte dat niet. Ik zie hierin duidelijk dat de toename van de veerkracht van de plant verbonden is met de grond.

In de biodynamische landbouw durven boeren soms een plant (of dier) ziek te laten zijn. We begeleiden de plant dan door de ziekte heen. Met onder meer goede bemesting van de bodem werken we continu aan de beste groeiomstandigheden. En stellen de plant daarmee in staat zelf afweerstoffen aan te maken tegen bijvoorbeeld een schimmelinfectie. Op die manier krijg je uiteindelijk een krachtiger plant die een langer groeiproces met meerdere fasen heeft doorleefd. Hoe zie jij dit proces in het kader van de gezondheid van mensen?

'We weten inmiddels dat een zwaardere bemesting – bijvoorbeeld met kunstmest, maar ook met teveel organische mest – leidt tot een afname van het vermogen van een plant om zich tegen ziektekiemen te verweren', legt Machteld Huber uit. 'Wat ik bijzonder vind maar wat weinig aandacht krijgt, is dat de stoffen waarmee een plant zich verweert juist gezondheidsbevorderend zijn in de voeding voor de mens. Dat betekent niet dat we planten bewust ziek zouden moeten maken. Maar wel dat het voor onze eigen gezondheid belangrijk is dat planten hun natuurlijke weerstand kunnen opbouwen. Dat ze zonder bestrijdingsmiddelen tegen een stootje kunnen en zich op eigen kracht kunnen verweren en herstellen.

In een ander onderzoek, het Koala-onderzoek[3], volgen we de gezondheidstoestand van inmiddels ruim tweeduizend kinderen vanaf de zwangerschap tot nu negen jaar. Van deze groep heeft 25 procent een 'alternatieve' leefstijl waarbij ze onder andere biologische voeding eten. In dit onderzoek bleek op tweejarige leeftijd dat de kinderen die biologische zuivel aten 33 procent minder last hadden van eczeem. Nu meten we weer en lijkt deze groep ook bij astma minder gevallen te laten zien; de

---

3 KOALA: Kind, Ouders en gezondheid: Aandacht voor Leefstijl en Aanleg; Onderzoek onder ruim 2500 Nederlandse gezinnen met een kind geboren tussen 2001 en 2003, gericht op twee hoofdthema's: 1. Allergie en astma en 2. Groei en ontwikkeling

berekeningen lopen nog. We kunnen hierbij de link leggen naar met name de consumptie van biologische zuivel, maar dan wel binnen het hele biologische voedingspakket. Astma en eczeem zijn allebei allergische verschijnselen waarbij het immuunsysteem als het ware ontspoort. Het is overprikkeld. De kinderen die dus minder allergieën hebben, zijn in mijn optiek meer in balans. Net als de planten die jij beschrijft. Ze kunnen tegen een stootje.'

Jan: Bij een gezonde levensstijl denken de meeste mensen vooral aan niet roken en voldoende bewegen. De keuze om gezond te eten is vaak een stuk lastiger. De opvoeding en de omgeving hebben volgens mij veel invloed op wat iemand eet. Een omgeving waar bijvoorbeeld meer aandacht is voor snacks en fastfood dan voor groenten en fruit nodigt niet uit om gezond te eten. Mensen die van jongs af aan met biologische en Demeter-producten opgroeien, kiezen hun voeding volgens mij vaker met meer bewustzijn. Ik durf inmiddels te beweren, dat mensen die een gezonde levensstijl hanteren en zich met aandacht voeden met goede kwaliteit voeding, gemiddeld veel vitaler oud worden. Hoe zie jij dat?

Het inzicht daagt dat we minder moeten eten, maar dan wel van zeer goede kwaliteit

'Bij gezondheid bevorderen gaat het om meer dan alleen voeding', stelt Machteld Huber. 'Het gaat ook om hoeveel je beweegt, hoe je met stress omgaat en of je dingen doet die je leven zinvol maken. Al die zaken kunnen de veerkracht en elasticiteit bevorderen, waar we het eerder over hadden. Voeding speelt echter wel een belangrijke rol. Binnen de voedingswetenschap, waar miljarden aan onderzoeksgeld omgaan, zie ik iets moois gebeuren. Heel langzaam, via heel veel onderzoek, komt men tot een conclusie die in de biologische benadering al lang geldt: in de voeding gaat het uiteindelijk om het hele product. Het gaat om veel meer dan alleen een paar voedingsstoffen die je zo makkelijk lijkt te kunt vervangen door een pil. De planten waar wij ons mee voeden, blijken wel zo'n tienduizend verschillende stofjes in zich te hebben, met een enorme diversiteit aan eigenschappen. Dat zijn aantallen die je niet kunt bevatten. In datzelfde kader zien we dat waar vroeger te weinig eten was, we nu vooral in de westerse wereld beschikken over teveel voedsel. Alleen zijn het tegenwoordig veelal lege calorieën. Het inzicht daagt dat we minder moeten eten, maar dan wel van zeer goede kwaliteit. Oftewel zo gezond mogelijke planten, en eventueel dieren, die rijk zijn aan voedingsstoffen en vitaliteit.'

'Daarmee dient zich meteen de vraag aan, wat voeding van goede kwaliteit dan precies is', vervolgt Huber haar betoog. 'Om die vraag goed te beantwoorden moeten we kijken naar wat gebeurt op het niveau van de levensprocessen in zowel planten, als in het lichaam van dieren en mensen. In de processen die zich daar afspelen, valt een fascinerende samenhang te ontdekken. Een samenhang tussen de zorg voor bodem en plant en hoe die doorwerkt in onze voeding; en uiteindelijk in onze gezondheid. Tijdens mijn jarenlange onderzoekswerk ben ik steeds meer samenhangen gaan zien. Dat begon met het inzien van het belang van bepaalde levensprocessen in planten.

Op een bepaald moment werd het Louis Bolk Instituut gevraagd een vergelijkend onderzoek te doen naar de kwaliteit van biologisch geteeld 'groen' versus technologisch geteeld 'groen'. De hightech hydrocultuur productie van sla in water met toegevoegde voedingsstoffen ging net van start. Volledig steriel, dus bestrijdingsmiddelen waren niet nodig. En in een gesloten systeem, dus zonder uitspoeling van meststoffen naar het milieu. De producenten wilden daarom het EKO-keurmerk voor de biologische landbouw aanvragen. In het onderzoek vergeleken mijn collega's de technosla met BD-sla, uit hetzelfde zaad en geplant op hetzelfde moment.

Binnen de BD-landbouw willen we alleen werken met planten die de natuurlijke potentie tot zaadvorming in zich hebben

Even een weetje: In de ontwikkeling van een plant staat de vegetatieve tendens, de bladvorming, eerst op de voorgrond. Die is vooral met de bodem en het water verbonden. Bij de tweede fase, de generatieve fase van bloei, vruchtvorming en rijping, is licht en warmte veel belangrijker.
Wat bleek? De technosla groeide twee keer zo hard. Toen de onderzoekers die echter door lieten groeien, maakte de plant alleen maar meer en meer blad. Het werd een grote 'vegetatieve' bladkrop. De plant kon de metamorfose naar de bloei, de vrucht- en de zaadvorming, oftewel de 'generatieve' fase, niet meer maken.
De BD-sla was pas een maand later dan de technosla volgroeid, maar ging bij doorgroeien wel schieten en bloeien en zaad maken. Aan dat onderzoek werd mij duidelijk hoe belangrijk het voor een plant is om die metamorfose te kunnen maken: van de vegetatieve bladvormende fase, naar de generatieve fase van bloeien en zaad-

vormen. Een gezonde plant kan beide fasen doorlopen. Ook al eet je de bloemen en het zaad niet op. Het gaat om het vermogen van de plant om die hele levenscyclus af te maken en om het oogsten op het moment dat er sprake is van (een begin van) rijping. Hoogwaardige voedingskwaliteit begint volgens mij bij planten die dit vermogen als een soort van 'informatie' in zich dragen.'

Jan: Ja, precies. Binnen de BD-landbouw willen we alleen werken met planten die deze natuurlijke potentie tot zaadvorming in zich hebben. De veredeling – zeg maar de ontwikkeling van nieuwe landbouwgewassen – is al lange tijd gericht op eenzijdige kenmerken van planten. Bij een deel van de gewassen verdwijnt hiermee de potentie om zaad te vormen en voort te planten. Bij graan gaat het nog steeds om de graankorrel, het zaad dus, maar bij bladgroenten hebben de zaadbedrijven steeds meer rassen ontwikkeld die alleen maar het gewenste blad vormen en niet meer kunnen doorgroeien naar bloem- en zaadvorming. Als we vitaliteit – als kenmerk van gezondheid – zien als de mogelijkheid tot zaadvorming, dan is de vitaliteit, en dus de gezondheid, van die groenten sterk verminderd.
En je noemt ook het belang van het oogsten op het juiste moment van (een begin van) rijping. Dat is heel belangrijk. Dan bevindt de plant zich namelijk in de meest evenwichtige situatie tussen de hoeveelheden voedingsstoffen en afweerstoffen, tegen bijvoorbeeld schimmels. Zoals je eerder uitlegde, komen ook die afweerstoffen de gezondheid van de mens ten goede. Het moment van rijping is het moment waarop de meeste voedingskrachten samenkomen en de plant volwaardig het einddoel bereikt. De meest volle smaak is een van de uitingsvormen van deze situatie. Probeer maar eens een hap van een groene tomaat. Die is vies. Een aan de plant gerijpte tomaat geurt en vult je mond met smaak. Ook aardappelen zijn een goed voorbeeld. Ik oogst ze niet te vroeg. De plant heeft dan de tijd om de giftige stoffen – die onrijpe aardappelen van nature sterk in zich hebben – zo veel mogelijk om te zetten.

Machteld Huber: 'Rudolf Steiner hield zich ook bezig met deze vegetatieve en generatieve processen in planten. En in mensen, maar daarover straks meer. Dat ontdekte ik na mij jarenlang te hebben afgevraagd wat Steiner precies deed met de biologisch-dynamische spuitpreparaten. Een aanknopingspunt was Steiner's antwoord toen een naaste medewerker op een gegeven moment aan hem vroeg: 'Waarom doen de mensen zo weinig met wat u zegt?' Waarop Steiner antwoordde: 'Omdat ze verkeerd eten'. De hele wereld zou volgens hem met de spuitpreparaten besproeid moeten worden, om het voedsel beter te maken voor de mens. Die paar zinnen raakten me, maar puzzelden mij ook zeer. Wat bedoelde hij daarmee? Deze vraag is me jarenlang blijven intrigeren'.

Machteld Huber neemt me vervolgens mee in haar zoektocht naar het antwoord.
'Het verhaal begint in het Louis Bolk Instituut bij een onderzoek van Edith Lammerts van Bueren en Joke Beekman-De Jonge naar zeventig jaar preparatengebruik in de BD-landbouw[4]. Daaruit bleek dat de koemestpreparaten vooral regulerend werken bij de groei van planten. Daar waar de bodem rijk is, dempen de preparaten de mogelijk te overdadige groei van de planten. Op de schralere gronden stimuleren ze juist de groei. Het lijkt erop dat ze de planten evenwichtiger maken. En dan specifiek in relatie tot de omstandigheden waarin ze groeien. De kiezelpreparaten versterken daarnaast de inwerking van licht en warmte bij de rijping van planten. Het idee dat een preparaat regulerend kan werken en dan ook nog afhankelijk van de omstandigheden, vind ik enorm boeiend.
Ik zocht verder en bekeek welke substanties Rudolf Steiner in de preparaten gebruikte, namelijk koemest en kiezel, én ik zag dat hij met de seizoenen werkte.
Ik zag koeienpoep tegenover kiezel en kristallen. Warm, dampend en geurend tegenover sterk gevormd en geurloos. Kiezel is sterk verbonden met het licht. Hoe Steiner daar vervolgens mee omgaat in relatie tot de seizoenen vond ik opvallend. Hij stopt de koemest in de winter onder de grond en de kiezel in de zomer. Als je dan kijkt naar de zomer – winter – polariteit en bedenkt dat kiezel een winterachtig, en mest meer een zomerachtig product is, geeft hij ze juist een behandeling met het tegenovergestelde. Vervolgens geeft hij ze beide aan de plant in opeenvolgende fasen.
Met de resultaten van het onderzoek van Edith Lammerts en Joke Beekman vond ik een sleutel met het inzicht dat Steiner met zijn mestpreparaat het vegetatieve proces probeert te reguleren en met zijn kiezelpreparaat het generatieve proces. Hij stimuleert echter niet eenzijdig. Hij streeft naar een harmonisch evenwicht!
Dit werken met vreemde polariteiten in materialen en seizoenen..., ik had het gevoel het ergens van te kennen. Opeens viel het kwartje. Ik zag een Westerse variant van het Yin Yang-teken: het elkaar doordringen van tegenstellingen. Met de preparaten probeert Steiner twee tegengestelde kwaliteiten – of tendensen die elkaar doordringen en daardoor harmonischer zijn – mee te geven aan de voeding van de mens. Daardoor krijgt de mens via de voeding een beeld aangeboden van een harmonische levensvorm. Als 'voorbeeld' van harmonisch evenwicht. Met goede voeding bedoelt Steiner volgens mij voeding die dit beeld van harmonisch evenwicht in zich heeft.'

---

4 *Biologisch-dynamische spuitpreparaten in ontwikkeling, 70 jaar praktijk, onderzoek en visie;* Edith Lammerts van Bueren en Joke Beekman-de Jonge. 1995. ISBN 9074021204 Verkrijgbaar bij de BD-Vereniging.

Jan: Hiermee geef je ook mooi aan dat de biodynamische landbouw niet 'onbespoten' is, zoals mensen biologische en Demeter-groenten en fruit vaak duiden. Integendeel. BD-boeren bespuiten de bodem en de gewassen juist met preparaten om iets toe te voegen. Om planten te helpen naar de juiste fase van rijping te komen en het bodemleven te stimuleren. Ik 'zie' de werking terug in mijn gewassen. Dat is een gevoelskwestie. Vergelijk het maar met de verzorging van kamerplanten. Ook al geven beide verzorgers ze voldoende licht en water. Bij de één staan ze er prachtig bij en bij de ander kwijnen ze weg. Zie het maar als de 'groene vingers'. De preparaten zijn voor mij een extra verzorgend element. Zoals de liefde van een moeder die haar eigen kind verzorgt. Dat is heel anders dan hoe bijvoorbeeld een verpleegster dat doet. Toen ik eind juni een enorme mesthoop prepareerde met de compostpreparaten werd ik steeds blijer. Hoe het precies allemaal werkt, weet ik niet. Het toevoegen van deze mooie extra dimensie voelt in ieder geval goed.

De preparaten zijn voor mij een extra verzorgend element. Zoals de liefde van een moeder die haar eigen kind verzorgt

'Ik zie de werking als volgt: met de preparaten geeft de boer als het ware 'informatie' mee aan de bodem en aan de planten', vertelt Machteld Huber verder. 'Zowel de preparaten als voeding zijn voor mij informatie. Door voeding tot je te nemen die bewerkt is met de preparaten, neem je een bepaalde harmonische krachtenstructuur in je op. De zorg voor een juiste bemesting van de bodem is de basis voor de juiste informatie. Met het kiezelpreparaat verbindt de boer de planten sterker met het licht. Daarmee kan het licht krachtiger inwerken op de bodem en de plant, waardoor de boer het licht als het ware meegeeft.
Ik zal proberen uit te leggen hoe dat volgens mij werkt in voeding voor de mens. Waar in een plant het vegetatieve en generatieve proces vooral ná elkaar komen, zijn in dier en mens dezelfde processen tegelijkertijd werkzaam en in elkaar verweven. In iedere cel van ons lichaam vinden continu twee levensprocessen plaats. Het ene noemen we 'groei' en het andere 'differentiatie'. Iedere cel die zich deelt, groeit en moet zich meteen vormen naar de gespecialiseerde taak van het orgaan waar die cel in hoort. Differentiatie dus. Wat is het probleem als die differentiatie terugloopt? Dan krijg je eenzijdige, ongecontroleerde woekering van cellen. Dat noemen we kanker. En we zien de afgelopen decennia kanker sterk toenemen.'

Huber toont me twee afbeeldingen: van een gezond weefsel en een kankerweefsel en vertelt verder. 'Zo ontstond bij mij de werkvraag: zou het kunnen zijn – wanneer onze voeding langdurig teveel naar het vegetatieve neigt – dat cellen dan kunnen ontsporen? Denk aan producten als de watertomaten en de technosla. Als ons lijf continu vegetatieve informatie krijgt en niet de rijping, waarin licht en warmte werken. Zouden cellen dan wellicht wat verzwakt worden in hun vermogen tot differentiatie?

Ik kwam hierop door een experimenteel onderzoek van een farmaceutisch bedrijf. Zij beïnvloedden kankercellen – die dus eenzijdig op groei gericht waren – zodanig dat deze zich weer gingen differentiëren. Het woekerproces bleek omkeerbaar!

Ze deden dat met van vitamine A afgeleide preparaten, bij uitstek een product van licht en warmte. Die vitamine A-achtige stoffen bleken de cellen weer te kunnen aanzetten tot differentiatie. Een voedingselement blijkt dus in staat om ontspoorde lichaamscellen weer terug te leiden in het gezonde gareel.

Langzaam maar zeker kwam het hele verhaal bij elkaar en leken de puzzelstukjes in elkaar te passen. Ik zag het belang van voeding die beide elementen van groei en differentiatie (of rijping) geïntegreerd in zich heeft. Wat betreft de preventieve gezondheidszorg is mijn hypothese inmiddels: onze gezondheid wordt het best ondersteund door het lichaam te voeden met informatie die van nature zowel groei als differentiatie in zich heeft. Steiner probeert volgens mij met zijn preparaten de aanwezigheid en werking van zowel groei als differentiatie op een bijzonder geïntegreerde manier in onze voeding te versterken. Voor de landbouw betekent dit dat de boer niet alleen voor vruchtbaarheid en biodiversiteit moet zorgen. Maar tevens deze elementen aan de voeding kan meegeven als informatie voor een gezonde samenhang in ons lichaam. Onbewust nemen we die dan via onze vertering op; als een soort voorbeeld van evenwicht voor het lichaam. Zo werkt het, heb ik de indruk. Maar wetenschappelijk is het nog een lange weg omdat aan te tonen.'

Machteld Huber benadrukt vervolgens dat de productie van hoogkwalitatieve voeding erg afhangt van het vakmanschap van de boer. Ze is er duidelijk over dat ze in haar onderzoeken naar voeding ook BD-producten van slechte kwaliteit tegenkomt. 'Hier op het Bolk hebben we losgelaten dat biologisch of BD altijd beter is', vervolgt Huber. 'Dat is niet zo. Voor ons gaat het veel meer om wat kwaliteit is en hoe je dat kan produceren. Het vakmanschap van iedere individuele boer is onderbelicht. Wij bepleiten al jaren: betaal niet naar massa, maar naar kwaliteit!'

Jan: Helemaal mee eens! De vraag is echter hoe je een duidelijk beeld van de juiste kwaliteit krijgt. Zeker bij beginnende bedrijven. Wij hebben met de jaren een reputatie opgebouwd waarin de groothandels onze kwaliteit waarderen en daarvoor de prijs betalen die we nodig hebben.

'We hebben inmiddels verschillende graadmeters ontwikkeld om de kwaliteit van voedingsmiddelen te bepalen', vertelt Machteld Huber verder. 'Basiselementen als smaak, vitamine C, nitraat en suikers. Maar ook bijvoorbeeld via biofotonenonderzoek en kristallisatieonderzoek. Ik werk al meerdere jaren met een aantal laboratoria samen om kristallisatiebeelden van planten als methode wetenschappelijk een fundament te geven (zie kader op pagina 66). Als je mensen dit soort beelden laat zien, beseffen ze ineens dat het bij voeding om meer gaat dan alleen stoffen. Ze zien dat die kristallisatiebeelden veranderen, afhankelijk van de teeltmethode.'

Wij bepleiten al jaren: betaal niet naar massa, maar naar kwaliteit!

'Het was de opkomst van de hightech plantenteelt die mij deed besluiten om te willen bijdragen aan de verdere ontwikkeling van de kristallisatiemethode', vertelt Huber verder. 'Bij hightech bedrijven als Plantlab, Verticrop en Brightfarms worden groenten vlakbij de supermarkten geteeld in gesloten systemen van water, toegevoegde (kunst)meststoffen en al dan niet met kunstlicht. Deze hightech substraatteelt gaat een grote vlucht nemen, gesteund door de overheid. Ik vind het belangrijk dat er ook andere methoden zijn dan alleen de analyse van voedingsstoffen, om de verschillen in kwaliteit aan te tonen. Met een breed scala aan onderzoeken probeer ik zichtbaar te maken wat de invloed van de teeltmethode is. Dat je met bepaalde zorg meetbare effecten op een plant krijgt. Collega-onderzoeker Joke Bloksma onderzocht bijvoorbeeld het effect van liefdevolle aandacht op de groei van scheuten en blad van jonge appelbomen. Dat had een zichtbaar en meetbaar positief effect. Daarmee wordt de vaak als zweverig beschouwde 'spirituele kant' van landbouw, voeding en gezondheid concreter. Door dat te laten zien en er in gewone woorden over te praten, gaan steeds meer mensen, waaronder boeren, de waarde van de biodynamische landbouwmethode zien. Het gaat echter heel langzaam. Het meeste landbouwonderzoek is nog vooral op opbrengstvermeerdering en dergelijke gericht en minder op de voedingskwaliteit van producten, laat staan op de relatie tussen productiemethode en gezondheidseffecten bij de mens.'

Jan: Vlakbij De Lepelaar wordt ook zo'n hightech systeem van slaproductie ontwikkeld. Inmiddels is als proef al een hectare landbouwgrond met beton afgedekt om daar bovenop sla snel en zeer goedkoop op te kweken in bakken water. De meeste mensen hebben geen idee wat daar gebeurt en hoe deze methode doorwerkt in

Voedingskristallisaties

Elk levend organisme, zoals een wortel, heeft naast inhoudstoffen (bijvoorbeeld vitamines en mineralen) ook een innerlijke structuur. Deze structuur – denk aan bijvoorbeeld expansief, samenhangend of harmonieus – hangt samen met de teeltwijze en de ontwikkeling van die wortel. Met de kristallisatiemethode proberen wetenschappers, aan de hand van beelden van die structuur meer over de kwaliteit van een levensmiddel te zeggen dan alleen
het onderzoek naar de inhoudsstoffen. Kwaliteit wordt zo letterlijk in beeld gebracht. De hypothese achter deze experimentele metingen is, dat de mate van ordening van het voedsel bijdraagt aan de menselijke gezondheid. Machteld Huber werkt mee aan de ontwikkeling van deze methode tot een wetenschappelijk niveau, in een samenwerkingsverband van het Nederlandse Crystal-lab en internationale onderzoekers. Dat proces komt langzaam op gang. In samenwerking met Machteld Huber vergelijkt bijvoorbeeld het RIKILT, het Rijksinstituut voor Voedselveiligheid, verbonden aan de Universiteit Wageningen, nu analyses van honderden stofjes in bijvoorbeeld kool, met kristallisatiebeelden van Crystal-lab.

Van boven naar beneden: integratie groei en rijping; eenzijdige rijping; eenzijdige groei bij een wortel.

de gezondheid. We moeten veel meer duidelijk maken dat de basis van gezonde voeding ligt in een vruchtbare, levende bodem; onder meer met de uitkomsten van jouw onderzoek. En mensen zouden meer aandacht voor smaak moeten krijgen. De smaak is een zeer intelligent, fijngevoelig zintuig. Vroeger had men veel oog voor de rol van smaak bij het kiezen van gezonde voeding. Men gebruikte niet voor niets gezegdes zoals: 'bitter in de mond maakt het hart gezond'. Bitter is nou net een van de smaken die bij de veredeling verdwijnt, bijvoorbeeld uit witlof. Ik vind dat geen goede ontwikkeling.

'Om mensen te overtuigen van de relatie tussen landbouwmethode en gezondheid zijn twee zaken belangrijk', zegt Machteld Huber aan het einde van ons gesprek. 'Allereerst zou de verbinding met de eigen voeding – en idealiter met de boer die het produceert – hersteld moeten worden. De afnemer zou weer moeten weten wie voor hem produceert en op welke manier. En de boer zou moeten weten voor wie hij teelt. Dan zal naar verwachting de boer meer geneigd zijn om kwaliteit te gaan telen en ook de mens voor wie hij werkt met meer verantwoordelijkheid omgaan met zijn voeding en gezonder gaan eten. Daarnaast werkt het goed wanneer mensen zich weer meer gaan verbinden met hun voeding zelf. Diëtist Rya Ypma[5] ontdekte in haar praktijk dat veel mensen met gezondheidsklachten en overgewicht hun eetpatroon pas blijvend veranderen als ze heel goed proeven en voelen wat de voeding met ze doet. Sommige mensen ervaren dan dat biologische voeding hen meer goed doet. En dat het naar binnen proppen van chips, drop of chocolade dat niet doet. Mensen die eten met aandacht blijken eerder voor biologische voeding te kiezen. Het wakker maken van de lichaamservaring helpt mensen om hun eetpatroon te veranderen. Naar die benadering van voeding moet het volgens mij. Wanneer je dus vraagt of ik denk dat voeding kan bijdragen aan preventieve gezondheidszorg, dan is het antwoord: ja. Vanuit de gezichtspunten die ik hier verteld heb, denk ik dat zeker'.

---

5 Machteld Huber en Rya Ypma schreven samen het boekje 'Eten met aandacht';
ISBN 978-90-74021-41-8.

Mijn verbondenheid met de Noord-Hollandse bodem is sterk. Ze kent een bewogen historie. Een belangrijke periode in de geschiedenis van De Lepelaar is namelijk de tijd van de ruilverkaveling, eind jaren zestig van de vorige eeuw. Het Geestmerambacht, ook wel het rijk der duizend eilanden genoemd, gaat in die tijd volledig op de schop. Grote bulldozers, hijskranen en enorme tractoren met reuzenwielen en kiepbakken halen alles overhoop. Het eilandenrijk met de prachtige Molensloot, de brede vaarten en de kleine slootjes wordt voorgoed omgevormd tot een strakke polder, die net zo goed in de Flevopolder had kunnen liggen. Vóór de verkaveling lag het land van mijn vader verspreid op drieëntwintig plaatsen. Na de ingreep beschikken we over twee grote percelen.

De ruilverkaveling betekende enorme natuurvernietiging. De bodem raakte verstoord en de biodiversiteit: het aantal dier- en plantensoorten, liep sterk terug. Desondanks is dit gebied voor mij altijd uniek gebleven. In deze bodem ben ik geworteld. Ik heb in de loop der jaren opnieuw leren genieten van de eigenheid van de grond waarop ik werk. Onder meer door het historische besef dat ze me geeft. Zo zie ik op verschillende akkers aan de grondstructuur hoe de zee de bodem ooit vormde. Waar de krachten van het woest stromende water het sterkst werkten, vind ik veel zanddeeltjes. Op kalmere plekken minder. En waar het water tot stilstand kwam, zetten de kleideeltjes zich vast. In het landschap zie ik nog steeds terug waar het water van oude kreken in en uit stroomde naar zee.

Met de jaren groeit mijn besef dat ik – hoe bescheiden ook – meebouw aan de vruchtbaarheid van deze relatief jonge bodem. Op mijn eigen manier, geïnspireerd door de richtlijnen van de biodynamische landbouw. Wat daarbij komt kijken licht ik in dit hoofdstuk nog verder toe. Verder kijk ik met onderzoeker Udo Prins naar de verschillen in benadering tussen de BD-Landbouw en de biologische en reguliere landbouw. En naar de huidige ontwikkeling van de bodemvruchtbaarheid en de biodiversiteit in Nederland. Met tuinman Jan Graafland duik ik tenslotte dieper in de biodynamische benadering en de essentie van bodemvruchtbaarheid en biodiversiteit.

Laat ik beginnen met een korte schets van mijn eigen ontwikkeling op dit gebied. Ik ben al sinds 1971 – toen ik één hectare van mijn vaders land overnam voor de start van De Lepelaar – actief bezig met bodemontwikkeling vanuit de biodynamische landbouwmethode. Zoals gezegd ziet de BD-landbouw de bodem als een levend organisme en als de bron van gezonde voeding. Het instandhouden van het leven vraagt passende zorg van de boer. Centraal in de manier waarop wij met de bodem werken staan een aantal maatregelen, zoals wisselteelten van groenten met zogenaamde groenbemesters (gras/klaver en luzerne) en bemesting met rijpe, goed verteerde mest en compost. Dat is de basisverzorging. We gaan echter nog een stap verder. De bodem leeft en de kracht van dat leven, de vitaliteit, staat net als planten, dieren en mensen onder invloed van de werking van de zon, de maan en andere kosmische invloeden. Daarom ondersteunen we het bodemleven door een extra vitaliserende dimensie toe te voegen aan de mest en de bodem in de vorm van preparaten. Machteld Huber schetste het belang van de spuitpreparaten voor de gezondheid in het vorige hoofdstuk. Later in dit hoofdstuk vertelt Jan Graafland meer over de werking en het belang van de compostpreparaten voor het bodemleven. Maar eerst meer over de basiszorg.

Ik heb in de loop der jaren opnieuw leren genieten van de eigenheid van de grond waarop ik werk

De belangrijkste biodynamische leidraad voor het werken aan bodemvruchtbaarheid is het denken in gesloten kringlopen. Net als in de natuur. Denk maar aan de kringloop van water die via verdamping zorgt voor voldoende neerslag, en aan de kringloop van de aarde om de zon en de maan, die zorgt voor de seizoenen. De biodynamische landbouw ziet een boerenbedrijf net zo goed als een zelfstandig organisme met een eigen kringloop. In deze kringloop vindt een boeiend samenspel plaats tussen allerlei krachten die elkaar in stand houden: de bodemvruchtbaarheid, de bemesting, de gewassen, dieren, de zon, de maan, enzovoorts. De boer is ook onderdeel. Hij zoekt als een soort regisseur naar het juiste evenwicht tussen een goede productie en het gezond blijven van het leven in de bodem, de planten, de dieren en de mensen op zijn bedrijf. De boer streeft op deze manier naar het voorkómen van problemen; niet naar de bestrijding ervan. De BD-landbouw ziet gemengde bedrijven als de beste vorm om dit krachtenspel zo veel mogelijk in een eigen gesloten kringloop van mest, compost en (voeder)gewassen te laten plaatsvinden. Op een gemengd bedrijf heeft de boer de meeste invloed op de eigen kringloop en kan hij de ontwikkeling binnen die kringloop op een eigen manier begeleiden.

Slechts weinig BD-bedrijven beschikken over alle gewenste onderdelen voor een eigen kringloop. Het moderne landbouwbedrijf is meestal specialistisch van aard. Men beperkt zich tot akkerbouw, tuinbouw, fruitteelt of veehouderij. De akkerbouwer, tuinder of fruitteler heeft geen veestapel die mest levert en de veehouder ontbeert de grond en / of de kennis voor akkerbouw, tuinbouw en fruitteelt. Onze zestig kippen leveren ook geen wezenlijke bijdrage aan de benodigde mest. Waar mogelijk zoeken BD-bedrijven dan ook onderlinge samenwerking om met elkaar een gesloten kringloop te vormen.

Voor voldoende wisselteelten en goede dierlijke mest werken wij sinds de jaren negentig samen met de biodynamische veehouderij De Buitenplaats van Bram en Ilse Borst, in het nabijgelegen Eenigenburg. Samen vormen we een zogenaamd koppelbedrijf. We ruilen land, mest, stro en veevoer. Soms lopen hun koeien op tijdelijk met gras ingezaaide akkers, waarop wij later weer groenten telen.

Deze samenwerking heeft meerdere voordelen. Het stimuleert de ontwikkeling van de eigenheid van onze bedrijven. De mest van de koeien van Bram en Ilse is deels een product van door ons geleverd voergewas. Die koeienpoep is daarnaast ook nog eens vermengd met stro van onze eigen akkers. Het mengsel is daarmee een product uit onze eigen omgeving. Dat aspect en de gedeelde biodynamische landbouwmethode verzekeren de kwaliteit van de uiteindelijke bemesting. We kunnen de bodem nu voeden met mest die heel dichtbij die bodem is gevormd. Het bacterieleven in de mest sluit daardoor goed aan bij het leven in de bodem, waardoor de bemesting beter wordt opgenomen. Op elke grondsoort, klei, zand of veen, werkt die opname namelijk anders. De samenwerking vergroot voor beide bedrijven de

Ir Udo Prins is onderzoeker duurzame teelt aan het Louis Bolk Instituut in Driebergen. Hij doet onder meer onderzoek naar de gemengde teelt van gewassen en de mogelijkheden van landbouw in combinatie met natuurbeheer.

mogelijkheden om duurzaam te zorgen voor een optimale bodemvruchtbaarheid. Dat proces vraagt tijd. Laatst zag ik duidelijk dat de grond op 't Rijpje – waarop we zeven jaar geleden nieuw begonnen – nu pas echt BD-grond is geworden. Ik zag het aan de mooie bodemstructuur, de gezonde planten en het rijke bodemleven. En voor mij nog belangrijker, ik voelde het. Op zo'n moment ervaar ik duidelijk de waarde van de biodynamische zorg voor de bodem. Alles wat je in de grond investeert, zie je in de loop van de tijd terug. Vanuit deze visie wil ik daarom weten wat de landbouw in zijn algemeenheid de afgelopen vijftig jaar voor invloed heeft gehad op de bodemontwikkeling in Nederland. Udo Prins heeft vanuit zijn onderzoekswerk goed zicht op deze materie.

'De Nederlandse situatie ten aanzien van bodemvruchtbaarheid is na vijftig jaar industriële landbouw op één punt heel anders dan in de niet geïndustrialiseerde wereld', vertelt Udo Prins. 'Terwijl in grote delen van de wereld de tekorten van met name fosfaat steeds groter worden, hebben we hier een enorm overschot aan dierlijke mest, met de bijkomende fosfaat en stikstof. Dat overschot komt door de industriële veehouderij. Die werkt in Nederland met grootschalige import van fosfaatrijk krachtvoer uit met name Amerika. En nu komt het. Tegelijkertijd zien we in de bodem nog steeds dalende gehaltes aan organische stof. Organische stof speelt een hoofdrol in de goede werking en de vruchtbaarheid van de bodem.
Die combinatie van overbemestingsproblematiek én tekort aan organische stof is absurd. Dat komt puur door de manier waarop de intensieve landbouw met de bodem omgaat. De bodem wordt daarin gezien als een soort doorgeefluik voor voedingsstoffen, een substraat, zoals dat in de hightech kasteelt wordt toegepast. In die gedachte voedt de boer de plant met meststoffen in afgepaste doseringen. Verder houdt de boer de bodem zo steriel mogelijk om plantziektes en aaltjes te voorkomen. Hierdoor ontstaat echter een erg kwetsbaar systeem dat in de praktijk een stuk minder efficiënt werkt dan dat men graag zou doen geloven.
De reguliere intensieve landbouw ziet dierlijke mest als een minderwaardige meststof, omdat daarmee minder precies te sturen is. Een akkerbouwer geeft liever de voorkeur aan het gebruik van kunstmeststoffen die met gebruik van veel energie zijn geproduceerd. Tegelijkertijd leiden de dierlijke mestoverschotten tot overbemesting en vervuiling van grond- en oppervlaktewater. De potentieel bodemvoedende werking van dierlijke mest wordt daarbij grotendeels genegeerd.'

Jan: In de zomereditie 2012 van Dynamisch Perspectief, het ledenblad van de BD-Vereniging, las ik hoe Ehrenfried Pfeiffer dit 64 jaar geleden al voorspelde. Pfeiffer was de man die Rudolf Steiner's gedachtegoed na zijn dood voortzette in de praktijk. Het Nieuwsblad van Friesland schrijft op 30 maart 1938: *'De Zwitserse bioloog E. Pfeiffer heeft onlangs in een voordracht te Den Haag het behoud van de vruchtbaarheid der aarde een van de grootste van alle wereldproblemen genoemd, welke zich binnen enkele tientallen jaren zullen voordoen. De heer Pfeiffer noemde de geheele moderne landbouwmethode verkeerd: zij gaat niet uit van het leven, maar van de scheikunde. De voeding van bodem, plant en dier is voor haar een rekensom. Bijvoorbeeld bij het vee: zooveel eiwit met zooveel zouten erin – zooveel melk met zooveel vet eruit. Het rund tot machine gedegradeerd, vertoont ontaardingsziekten. Steeds sterker toegepaste insectengiffen doen het aantal plantenziekten toenemen (...)'.*

Het gaat in de biologische visie om het voeden van de bodem. En niet om het rechtstreeks voeden van de planten

'De biologische sector als geheel, dus BD en EKO samen, heeft altijd meer aandacht gehad voor het gehalte aan organische stof in de bodem', vervolgt Udo Prins zijn uitleg. 'Het gaat in de biologische visie om het voeden van de bodem. En niet om het rechtstreeks voeden van de planten. Het is de bodem die vervolgens de planten voedt. Het is ook de bodem en níet de boer die de planten gezond houdt. Dat is een wezenlijk andere benadering. Het geheel, het levende systeem en de samenhang tussen de elementen, staat centraal in deze visie. Hierbij dragen het gebruik van goede, dierlijke mest – op een zorgvuldige manier uitgereden – in combinatie met een gevarieerde gewasrotatie met voldoende rustgewassen (granen, peulvruchten, grasklaver en luzerne) bij aan een betere bodemstructuur, waardoor de planten de voedingstoffen beter opnemen.
In die zin heeft de biologische sector een grote voorsprong wat betreft het werken aan bodemvruchtbaarheid. Veel meer dan het voldoen aan cijfermatige biologische normen, gaat het hierbij om de houding. Hoe verbeter je als biologisch werkende boer op een natuurlijke manier de bodemvruchtbaarheid? Hoe krijg je bijvoorbeeld meer mycorrhizaschimmels en meer regenwormen, kortom meer leven, in de bodem? Uitgaande van een jarenlang kunstmatig bemeste bodem, kost dat al gauw vijf tot tien jaar werk.'

Jan: Dat klopt. Ik zie dat terug in mijn eigen praktijk. Ik schrik vaak van de doodsheid als we percelen van een gangbaar bedrijf aankopen en omschakelen. Geen regenworm te zien. De degeneratie die het gevolg is van de eenzijdige visie dat een boer alleen de planten hoeft te voeden, zie ik terug in de schraalheid van de bodem. Wat een verschil met de akkers die wij al veertig jaar bewerken. Op een aantal akkers wisten we uiteindelijk het percentage organische stof van 2,5 procent te verhogen naar boven de vier procent.

'Wat betreft de bodemvruchtbaarheid zie ik de afgelopen jaren deels interessante, deels zorgwekkende ontwikkelingen', zegt Udo Prins. 'Bij steeds meer reguliere boeren ontluikt het besef dat ze decennialang te ongelimiteerd en te eenzijdig hebben bemest. Met milieuvreemde stoffen die alleen maar halen en niets brengen. Ze hebben de bodem overvraagd. Het is net mijnbouw. De bodemstructuur is daardoor ernstig verstoord. Het gehalte organische stoffen loopt terug. Met als gevolg dat de bodem het verlangde hoge productievermogen steeds minder kan opbrengen. De overheid wordt ook wakker en begrenst met wetgeving de maximaal toegestane mestgift (met name stikstof en fosfaat). De milieuschade (bodem-, water- en luchtkwaliteit) wordt te groot. Ik zie groepjes reguliere boeren langzamerhand meer oog krijgen voor het leven in de bodem. Zij benaderen het vruchtbaarheidvraagstuk ook meer en meer op een biologische manier: met samenwerking, ruimere vruchtwisseling, braakligging en groenbemesters. Die kentering stemt me positief.'

'In de biologische sector daarentegen zie ik de laatste tien jaar dat de aandacht voor de levende bodemvruchtbaarheid gemiddeld gezien afneemt', vervolgt Prins. 'Dat baart me zorgen. Ik zie daarvoor twee duidelijke redenen. Allereerst zijn de laatste jaren meer reguliere bedrijven omgeschakeld en toegetreden tot de biologische landbouwsector. Dat leidde tot een 'verwatering' van de voorheen bestaande overeenstemming over hoe je biologisch met bodemvruchtbaarheid omgaat. De toetreders werken nog niet meteen vanuit een biologische visie. Ze brengen hun oude denken in bij het overleg binnen de sector over de juiste ontwikkeling. De verandering kost tijd.
Ernstiger is het veranderde denken bij een deel van de bestaande biologische boeren. Vanwege een economische reden. De neerwaartse prijsdruk vanuit het supermarktkanaal op de biologische sector leidde bij een aantal biologisch werkende boeren tot een reguliere reactie: meer produceren om hetzelfde inkomen te garanderen. Met als gevolg dat een deel opgeschoven is naar hetzelfde denken in stoffen om de productie verder te intensiveren. 'Professionalisering van de biologische sector' noemt men dat vanuit de reguliere visie. Om die ontwikkeling maak ik me zorgen.'

Jan: Ik zie ook positieve ontwikkelingen op biologisch werkende bedrijven. Het toekomstig verplicht gebruik van honderd procent biologische meststoffen werpt nu al vruchten af. Steeds meer biologische bedrijven zoeken net als wij samenwerking in de vorm van koppelbedrijven. Ze werken zelfs in clusters van meerdere bedrijven aan ruimere vruchtwisseling en uitwisseling van mest en compost. De rust voor de bodem en de grotere diversiteit aan gewassen geeft een duidelijke meerwaarde.

Volgens Udo Prins kan ook de biologische sector nog flinke stappen vooruit zetten in de ontwikkeling van de bodemvruchtbaarheid. 'Die sector heeft op dit vlak veel om te koesteren en te verdedigen. De vraag is of dat voldoende lukt als steeds meer bedrijven uit de reguliere sector toetreden. Dan voorzie ik een splitsing binnen de biologische landbouw. Aan de ene kant werken bedrijven zo intensief mogelijk binnen de normen voor biologische landbouw, met minder aandacht voor de levende bodemvruchtbaarheid. Ik noem dat werken binnen de 'verwaterde' norm.
Aan de andere kant zie ik een aantal bedrijven, veelal de pioniers, wel een speerpunt maken van een vruchtbare, levende bodem. Ik noem ze 'eko-plus'-bedrijven. Biodynamische bedrijven vallen hier ook onder. Ze bieden meer zorg dan volgens de normen moet en hanteren daarbij duidelijke eigen richtlijnen voor de bodemvruchtbaarheid. Ze gebruiken honderd procent biologische meststoffen en richten zich veel meer op de levende processen in de bodem. Uiteindelijk moet die eko-pluswerkwijze standaard worden voor de hele biologische sector. Alleen zo blijft die landbouwmethode geloofwaardig en onderscheidend genoeg ten opzichte van de reguliere intensieve landbouw.'

Een worm heeft niets te vreten in een kale bodem

'De biodynamische landbouw loopt op dit gebied voorop', stelt Prins. 'Die neemt al vanaf de Landbouwcursus van Rudolf Steiner duidelijk afstand van het eenzijdige denken in stoffen. Jouw krantencitaat uit 1938 laat dat mooi zien. De zorghouding van Demeter-boeren biedt tevens een natuurlijke voorsprong als het gaat om het ondersteunen van de levensprocessen in de bodem. En dat brengt me bij de essentie. Hét kernpunt van echt biologisch denken binnen de landbouw draait volgens mij om het centraal stellen van het zelfregulerend vermogen van de natuurlijke processen. Daarmee bedoel ik dat de boer de levensprocessen in bodem, plant en dier zodanig ondersteunt, dat excessen in de vorm van ziekten of achterblijvende groei geen kans krijgen. In de landbouw zorgen de levende processen ervoor dat je een bloeiend bedrijf hebt. Dat kan alleen als je een aantal kernwaarden als uitgangspunt neemt.'

'Voor deze waarden haal ik mijn inspiratie uit de ecologie, uit hoe de natuur werkt, en uit de permacultuur[6]', vervolgt Prins. 'In de Nederlandse natuur, bijvoorbeeld, is de natuurlijke bodem nooit onbedekt. Als dat wel zo is, doe je iets niet goed. Door de grond zo lang mogelijk beplant te houden, blijft de bodem in een levend proces. Een worm heeft niets te vreten in een kale bodem. Een ander ecologisch aspect is: de bodem zo min mogelijk verstoren. In de natuur gaat een bodem ook niet elk jaar volledig op zijn kop. Landbouwmethoden die de bodem minder verstoren, bieden volgens mij meer perspectief voor de biologische bodemvruchtbaarheid. We weten inmiddels dat de eerder genoemde mycorrhizaschimmels netwerken vormen die de plant ondersteunen bij allerlei essentiële groeiprocessen. Bij het ploegen maak je die kapot. Mijn credo voor de ontwikkeling van bodemleven is: zo weinig mogelijk verstoren en zo veel mogelijk voeden.
En vergeet de rol van biodiversiteit niet. Hoe meer verschillende soorten planten bij elkaar leven, hoe beter dat is voor de vruchtbaarheid van de bodem. De voedingsmantra: 'eet zo gevarieerd mogelijk en van alles een beetje', geldt ook voor de landbouw! Elk gewas – of dat nu groenbemesting met grasklaver, of bieten, of graan is – voegt weer iets anders toe aan de bodem en spreekt weer een ander deel van de bodem aan. Graan wortelt bijvoorbeeld zeer diep en draagt daarmee bij aan de ontwikkeling van de bodemstructuur. Vlinderbloemigen (erwten of tuinbonen) binden weer stikstof uit de lucht en geven dat af aan de bodem. Ze nemen echter ook stikstof op uit de bodem. Pas nu ontdekken we dat plantenwortels reststoffen afscheiden die tot voedsel dienen voor het gevarieerde microleven rondom de wortel. Planten voeden dus zelf ook het bodemleven! Ze werken actief samen aan de bodemvruchtbaarheid. Enorme hoeveelheden stikstof gaan zo als het ware heen en weer door de plant de bodem in en uit. Alsof die plant ademhaalt in verbinding met de bodem.'

Jan: Evenals Machteld Huber – die tevens het verband aantoonde tussen de veerkracht van mensen en die van planten – leg jij de link tussen de gezondheid van

---

6 Het doel van permacultuur is samenwerking tussen de mens en haar omliggende natuur gericht op een lange termijn overleving van beide. Meer op: www.permacultuurnederland.org.

planten en de levende processen in de bodem. Bodemvruchtbaarheid staat dus niet los van de gezondheid van mensen. Hiermee wordt ook duidelijk hoe belangrijk de juiste voeding voor het bodemleven, in de vorm van bemesting, verbonden is met onze eigen voeding. Het hangt allemaal samen. Fascinerend! Dat maakt bodemvruchtbaarheid tot veel meer dan een doel op zichzelf. Veel meer dan een waarde die we kunnen verliezen of vergroten. Het verbeteren van de bodemvruchtbaarheid draagt direct bij aan onze eigen gezondheid; als een voorwaarde voor vitaliteit en andere neveneffecten. Vanuit deze visie ondermijnt het verlies van bodemvruchtbaarheid letterlijk onze gezondheid.

'Wat zich allemaal precies afspeelt onder de grond is inderdaad fascinerend. Van die hele dynamiek weten we nog niet de helft', stelt Udo Prins. 'Eén ding is zeker: het eenzijdige landbouwdogma dat we alleen maar mineralen als plantenvoeding hoeven toe te voegen, is volledig achterhaald. En er komt steeds meer wetenschappelijk bewijs dat de biologische benadering van de bodem als levend organisme uiteindelijk het meeste oplevert. Mengteelten, waarbij je zoveel mogelijk verschillende soorten planten met elkaar teelt, leveren ook winst op. Al moet die vorm ook praktisch haalbaar blijven op een boerenbedrijf van enige omvang. Het zoeken naar nieuwe systemen vraagt veel tijd en uitproberen in de praktijk. Ik wil dan ook absoluut niet zeggen: zo moet het! Ik wil duidelijk maken dat verschillende zoekrichtingen kunnen leiden tot meer bodemvruchtbaarheid.'

'Meer ruimte bij de boer om te onderzoeken hoe de mens het bodemleven kan ondersteunen is van groot belang voor een verbeterde praktijk', concludeert Udo Prins. 'Tot tien jaar terug namen biologische boeren zelf het initiatief om op dit gebied innovatief bezig te zijn. Als onderzoeker begeleidde je hooguit de boeren bij de ontwikkeling. Nu zijn veel boeren een stuk meer afhoudend. Hun financiële ruimte is te klein om de bijbehorende risico's te nemen. Waar de marges verdwijnen, verdwijnt ook de ruimte voor innovatie. Dat is een bedreiging voor de biologische landbouwontwikkeling. Ik vind het samen met boeren onderzoeken van mogelijkheden essentieel. Zij moeten ervaren of iets werkt of niet. Dus hebben ze ook voldoende inkomen nodig om in tijd en qua productiemethoden uit te kunnen vinden hoe ze de bodemvruchtbaarheid op hun bedrijf kunnen verbeteren. Een economisch gezond bedrijf heeft voldoende financiële ruimte om te zoeken naar de optimale ontwikkeling van een gezond bodemleven.'

Jan: Volgens mij is geld maar één kant van de zaak. Binnen de BD-landbouw stopten tien jaar geleden ook veel regionale onderzoeksgroepen, vanwege de MKZcrisis in de veehouderij en de aanscherping van de Demeter-normen. Nu zoeken BD-boeren elkaar weer meer op in bijvoorbeeld intervisiegroepen. Daar kun je als onderzoeker ook meedenken en -praten en kijken hoe je samen met de boeren onderzoek weer op de kaart kan zetten.

Jouw verhaal maakt in ieder geval duidelijk dat er niet één waarheid is. Bodembewerking luistert nauw en is afhankelijk van veel factoren zoals type bedrijf, ligging, structuur, weersinvloeden, enzovoorts. Het vraagt om heel goed kijken, uitproberen en zelfs voelen wat de bodem nodig heeft. Daarbij legt de biodynamische landbouw zichzelf hogere normen op dan de biologische. Bijvoorbeeld ten aanzien van het verzorgende aspect en het gebruik van de preparaten.

Het verbeteren van de bodemvruchtbaarheid draagt direct bij aan onze eigen gezondheid

Udo Prins: 'Veel van deze meer spirituele aspecten vind ik fascinerend, maar kan ik niet op dezelfde manier meevoelen. Ik kan zeker meegaan in het verbinden met je bedrijf, openstaan en breder kijken naar wat er zich afspeelt. Bijvoorbeeld dat je kamille als meer ziet dan een uit te roeien onkruid. Als boer heb je respect voor alles wat leeft op en rond je bedrijf. Het gaat om het samenspel van alle onderdelen. Een grote biodiversiteit op je bedrijf geeft ook gevoelsmatig aan dat de bodem op orde is. Een graanakker met kamille, klaproos en driekleurig viooltje voelt ook voor mij beter. Ik zie het echter meer vanuit de ecologie.

De wetenschap kan nog niet veel met een gevoelsmatige benadering, maar weet tegelijkertijd zelf nog maar weinig van hoe het allemaal werkt. Dat vraagt om bescheidenheid. Diezelfde wetenschap heeft inmiddels wel aangetoond dat een mens bij meer complexe keuzevraagstukken vanuit het onderbewuste betere keuzes maakt dan vanuit het bewuste. En wat is complexer dan de levende natuur?! De rol van gevoel is dus erg belangrijk als het gaat om beslissingen over levende processen, zoals in de landbouw'.

Jan: Een man die bij uitstek meer kan vertellen over werken vanuit je gevoel is Jan Graafland. Ik zocht hem op in Zoetermeer, waar hij inmiddels ruim zeven jaar vanuit de biodynamische methode medicinale kruiden teelt. Ik begin ons gesprek met hem te vragen naar zijn eerste ontmoetingen met de plantenwereld.

Jan Graafland: 'Mijn moeder was een Nieuwkoopse, mijn vader een visser. Toen ik kind was, gingen we haast iedere zomerzondag roeien in de natuurgebieden rondom de Nieuwkoopse plassen. Eerst de drukke vaart over, dan via het Brampjesgat naar de rietlanden, waar je de roeiboot zo heerlijk geluidloos kon laten glijden door de luw gelegen slootjes achter het hoge riet, de kalmoes en de lisdodden. Zo voorzichtig mogelijk, zodat je niet te vaak met de roeispaan bleef haken aan de onderwaterse stengels van de waterlelie en de gele plomp. Wortels zitten immers los in een veenbodem.

Soms, als je vanwege zeer smal water moest punteren (roeispaan als gondelstok gebruikend), kwam een stuk losgestoken kalmoeswortel bovendrijven, met alle geursensaties van dien. Daar tussen het riet leerde ik veel van de wilde planten kennen die ik nu als geneesplanten opkweek. Mijn moeder wees mij de valeriaan, de bitterzoet, de moerasvaren, etcetera. Fantastisch was als je blootsvoets liep over het veenmos dat groeide op een zo goed als drijvend veeneilandje. Je voelde de bodem onder je voeten golven.

Mijn ouders zijn al lang overleden, maar ik ga nog graag minstens één keer per jaar roeien bij Nieuwkoop. Voor de stilte, de mooie plekken, de planten, hun geuren, maar vooral ook de zwoelige geur van het zonopgewarmde groentroebele zoetwater. Mijn levenssoep, noemde ik dat later'.

Jan Graafland is dichter en sinds 1999 hoofd van het tuinbedrijf van Weleda, een biodynamisch farmaceutisch bedrijf in Zoetermeer. Daarvoor teelde hij groenten bij De Vier Jaargetijden in Nieuwe Wetering. Tot voor kort was hij tevens tuinman van het inmiddels gesloten Nationaal Farmaceutisch Museum. Jan doceert aan de Kraaybeekerhof en geeft lezingen en workshops van plantaardige antroposofische inslag voor o.a. regionale studiecentra. Hij was daarnaast zo'n zeven jaar plantenfotograaf/columnist voor Antroposana.

Jan: Mooi hoe bij jou natuurervaringen ook leiden tot de keuze om samen met die natuur in de landbouw aan de slag te gaan. Hoe ben jij in jouw tuin bezig met het thema bodemvruchtbaarheid?

'In het verlengde van de ervaringen uit mijn jeugd', vertelt Jan Graafland. 'Ik werk met mijn zintuigen en mijn gevoel met de bodem en de levensprocessen die daarin plaatsvinden. Vanuit mijn intuïtie ben ik nooit geïsoleerd met één ding bezig en bij mijn methode horen begrippen als 'bodembereidheid' of 'ontvankelijkheid' en 'lichtheid'.

Wat betreft het eerste begrip weet ik in het voorjaar precies wanneer de bodem bereid is om te worden ingezaaid. Ergens begin maart zweven er opeens vliegjes vlak boven de grond. Dan ruik ik dat het tijd is. De ontvankelijkheid van de bodem hangt dan letterlijk in de lucht. Op een niet-biodynamisch verzorgde bodem ervaar ik die bereidheid niet. Die bodem houdt zich als het ware gesloten, afzijdig. Bodemvruchtbaarheid gaat voor mij onder meer over deze ontvankelijkheid. Daarnaast speelt lichtheid een grote rol. De bodem bevestigt de bereidheid tot het ontvangen van het zaad door mee te werken. Het losmaken van de grond gaat dan licht, als vanzelf, terwijl ik op verkeerde dagen moet sleuren en er niets loskomt. Toen wij op deze plek in de polder bij Zoetermeer begonnen, was de bodem doods. Ik zag overal grote scheuren en onkruiden als distels, kruiskruid en veel kweekgras.

Universele energiemeting: Boviswaarde

De Bovisschaal is een door de Franse wetenschappers Bovis en Simoneton ontwikkelde manier om de kwaliteit van energieën te meten. Dat kan met een pendel of Biotensor. De gemeten waarde, het trillingsgetal, wordt uitgedrukt in Boviseenheden BE. Een plek heeft een Boviswaarde; een product of bodem ook. Een plaats met een hogere trilling dan 6.500 Bovis, op een schaal tot 10.000 Bovis, verschaft ons energie en zorgt voor een perfect evenwicht. Een plaats die lager trilt, zal ons langzaam verzwakken. Dit geldt ook voor voedingsmiddelen. Schijn kan daarbij soms bedriegen. Een mooie glimmende appel kan toch een lage Boviswaarde hebben waardoor hij energetisch niets toevoegt aan ons lichaam. Vlees heeft een waarde van 6.500 Bovis direct na de slacht. Na braden of koken is de waarde echter nog slechts 3.000 tot 4.000 Bovis en dus ontkrachtend. Je wordt er moe van. De energetische waarde geeft in één getal complete informatie over een product en is daarmee sterker dan welk keurmerk ook.

Geen spoor van ontvankelijkheid. De grond bleek na chemische analyse schoon. En over de gehaltes mineralen en sporenelementen maakte ik me op deze zeeklei ook geen zorgen. Na energieanalyse via de Bovismethode (zie kader op pagina 85) bleek de bodem echter met 4.000 Bovis bijna levenloos.'

Je kunt nog zoveel mineralen in je bodem hebben, als die zich niet laten ontsluiten, heeft de plant er ook niets aan

'Nadat we een deel van de bodem diep hadden laten spitten, zag ik de grond bij regen inzakken', vervolgt Jan Graafland. 'Het water bleef in de tractorsporen staan. Toen wist ik dat deze bodem lichtheid nodig had. We zitten hier zeven meter onder zeeniveau op zware klei. Dat vraagt om continu werken aan lichtheid. We moesten lichter gaan werken en de bodem minder beroeren, oftewel minder ploegen en bewerken. Daarnaast moesten we de grond voeden met compost en inzaaien met groenbemesters. Ik ontdekte dat het structureel onderwerken van de houtige vezelresten van sommige door ons geteelde kruiden, zoals de Wegdistel (Onopordum acanthium) en de Gezegende distel (Cnicus benedictus), een enorme stimulans gaf aan het bodemleven. Dat werkte. Inmiddels, zeven jaar biodynamische verzorging verder, zitten we met dezelfde bodem op 8.000 a 9.000 Bovis in energieniveau.
De lichtheid zegt iets over de structuur van de bodem. Als je het over vruchtbaarheid hebt, is voor mij de bodemstructuur het belangrijkste. Je kunt nog zoveel mineralen in je bodem hebben, als die zich niet laten ontsluiten, heeft de plant er ook niets aan. We moesten de dichtgeslagen bodem open krijgen; losser, meer kruimelig, ontvankelijk. Ik verklaarde de bodem heilig en stond niet meer toe dat iemand nog in een zaai- of plantbed stapte. En ik verwelkomde de fazanten en zelfs de mollen, konijnen en woelratten die arriveerden. Ik zag de belangrijke rol die ze speelden in het verbeteren van de bodemstructuur en was bereid een klein deel van onze oogst daarvoor met hen te delen.'

'Op de relatief kleine tuin (1 hectare) die we hier bewerken, wordt het pikken van fazanten en het woelen van mollen en woelratten al snel als schade ervaren', legt Jan Graafland uit. 'In plaats van de strijd aan te gaan met alles wat vreemd is, koos ik voor terughoudendheid en voor deels incasseren. Maar niet tot elke prijs. Wanneer woelratten alle planten uit een vers aangeplant bed hadden gestoten, was ik boos. Dan sprak ik de ratten in mijn gedachten bewust toe: 'Ik druk de planten nog één keer aan. Als ze er morgen weer uitliggen, is het oorlog'. Als ze er dan de volgende ochtend nog stonden, had ik het gevoel contact te hebben gemaakt. Het konijnenbestand reguleerde zichzelf door het uitbreken van een ziekte als er teveel kwamen. Zo werkte alles in de natuur met elkaar aan het verbeteren van de bodemvruchtbaarheid.'

Jan: Bij jouw verhaal zie ik het beeld van een boer die meebeweegt met het leven in zijn tuin. Alsof jij aan de vloedlijn staat, het leven voelt en als een soort eb en vloed daarvan neemt en daaraan geeft. Dat vind ik een sterk beeld van hoe BD-boeren met landbouw bezig zijn. Hoe werkt volgens jou de biodynamische landbouw specifiek aan bodemvruchtbaarheid?

'De reguliere en biologische landbouw werken alleen vanuit de aarde gezien met het thema bodemvruchtbaarheid', zegt Jan Graafland. 'Vanuit het BD-standpunt is de krachtenwerking vanuit de hemel echter net zo belangrijk. Iedereen weet dat de zon onmisbaar is voor het leven op aarde. En iedereen accepteert het beeld van de instralende werking van die planeet zonder vragen te stellen. Dat de biodynamische landbouw ook met de instralende werking van de maan en andere planeten werkt, wordt door veel mensen als vreemd gezien. Zo gek is dat helemaal niet. Ik zal proberen uit te leggen hoe die krachten volgens mij in de landbouw werken.
Kort gezegd heb je aan de ene kant de aarde en aan de andere kant de zon. Daartussen beïnvloedt de maan de groeiprocessen, de voortplanting en alles wat met de fysieke verschijningsvormen te maken heeft. De maan reguleert het water en de werking van kalk in de bodem. De overige planeten zorgen daarnaast voor de subtielere krachten. In grote lijnen gaat dat als volgt. Door het miljoenen jaren onophoudelijk herhaald voorbijrazen van de planeten – met hun zwaartekrachtwerkingen, lichtuitstraling, enzovoorts, in vaste patronen om de aarde heen – is het leven op aarde gedurende zijn ontstaan en vorming zich daarop gaan afstemmen, naar gaan richten, aan gaan wennen en naar gaan vormen. Vergelijk het maar met de schaduw van een windmolenwiek. Je hoort en ziet de molenwiek zelf misschien niet eens, maar je lichaam en geest reageren wel continu op de voorbijglijdende schaduw. Bewust en onbewust. Zo werkt de invloed van de planeten op het leven op aarde ook. In de biodynamische landbouw proberen we die instralende werking positief te benutten bij de verzorging van de bodem en de gewassen.'

Jan: Hoe reageert het plantenleven op dit krachtenspel?

'Als je de aarde en de zon hebt als twee polen', vertelt Jan Graafland verder, 'laat een plant op een fysieke manier zien hoe je die twee polen kunt overbruggen. Vast geworteld in de aarde wil de plant zo snel mogelijk weer terug naar de oorsprong: de zon. Waarom? Omdat de oorsprong van alle leven licht en warmte is. En alle leven verlangt daar naar terug. Je moet het zien als een geestelijke beweging; als een soort van heimwee naar het geestelijke beeld waarin alles ooit in één verenigd was: aarde, vuur, water en lucht.

Dat proces van terugkeer naar de oorsprong, van uitreiken naar de zon, houdt in het fysiek zichtbare op bij de bloem. Waarna de bloemengeur nog iets verder reikt. Die gaat daarin het verst. Voor ons is dit beeld heel belangrijk. In die eindfase van bloei ontstaan namelijk de krachten die wij nodig hebben voor onze medicijnen.

Ik zal het uitleggen. De grondspreuk van Weleda is: 'mensen genezen en materie vrijmaken'. In dat proces zie ik de plant als het eerste stadium; vooruitlopend op het farmaceutische proces. In dat eerste stadium doorploegt de plant met zijn wortel de bodem. Hij gaat als het ware verbinding en samenwerking aan met de aarde. In die verbinding breekt de wortel mineralen los en neemt ze op. Mineralen hebben alle bouwstenen voor leven in zich, maar ze missen het bewustzijn; zeg maar de geest. Daarmee missen ze, evenals planten, de mogelijkheid om licht en warmte te verinnerlijken.

De plant speelt een essentiële rol in de ontwikkeling van leven door het levenloze mineraal als het ware op te tillen in het levensproces van reiken naar warmte en licht. Met de mineralen zet het blad licht om, vormt een gestel en uiteindelijk – als de afstand tot de aarde maximaal is – is er de bloem, als meest pure vorm. In die vorm maakt de plant vervolgens contact met de bij en vervloeit daarmee, heel even, met de volgende ontwikkelingsfase van bewustzijn: het dierlijke. Pas na de aanraking door de bij, begint de vruchtvorming en krijgt de plant de mogelijkheid om een vrucht-'lichaam' te maken, een eigen binnenruimte voor zaden en olie. De aanraking door de bij stelt de plant als het ware in staat tot het verinnerlijken van warmte, net zoals dieren en mensen dat kunnen via longen en bloedsomloop.

Weet je trouwens dat in dat subtiele contact tussen bloem en bij geen scheidslijn valt te ontdekken? Net zomin als er een zichtbare scheidslijn is in het contact tussen plantenwortel en grond en in het contact tussen dier en mens. Het leven blijkt één groot krachtenveld te zijn. Een fascinerend gegeven.

Terug naar de materie. Die bloem ontwikkelt zich dus helemaal van onderuit en laat in het groeiproces de balast van wortel en blad achter zich. Met het achterlaten bevrijdt de plant zich als het ware van een groot deel van de materie die nodig was om uiteindelijk bloem te worden. Als je de geur van de bloem beschouwt, is het beeld van vrij geworden materie nog herkenbaarder. De werking van juist de bloem is medisch gezien zo krachtig – denk aan de Bach remedies – omdat die materie al grotendeels bevrijd is. De vormkrachten die in de stoffen opgesloten zaten, komen met behulp van een oplossingsproces weer vrij. Die krachten zijn daarmee weer vrij inzetbaar, bijvoorbeeld voor voeding of genezing.'

Vast geworteld in de aarde wil de plant zo snel mogelijk weer terug naar de oorsprong: de zon

Jan: Waarom werkt vrij geworden materie zo krachtig?
'Ik denk doordat deze krachten niet meer geblokkeerd zijn in de werking die ze hebben in de fysieke omgeving', legt Jan Graafland uit. 'Schop maar eens tegen een olifant. Geen beweging in te krijgen. Hoe vrijer en hoe lichter de kracht wordt, hoe sterker de werking. De materie houdt ze niet meer vast. Denk maar aan de geestkracht van liefde, de sterkste van alle krachten. Wrijf eens bloemen in je handen en snuif de geur op. De intensiteit van de geur, losgekomen van de bloem, leidt tot een sensatie in je lichaam. Losgekomen van de materie werken krachten op andere niveaus. Ze weten als geestkracht sneller tot de kern van een ziekte door te dringen. Over dit proces is nog veel meer te zeggen, maar dat voert te ver voor het onderwerp van dit boek. Laten we ons beperken tot de landbouw.'

Jan: Hoe kun je als boer de planten ondersteunen in dit uitreiken naar het zonlicht?
'Door de bodem zodanig te verzorgen dat de aarde de aanleg tot licht al voor aanvang van de teelt in zich heeft', stelt Graafland. 'De mens is bijvoorbeeld gaan ploegen om de afstand tussen het zware van de aarde en de lichtheid van de zon dichter bij elkaar te brengen. Door te ploegen gooit de boer de aarde namelijk open om zonnekracht toe te laten en de toegankelijkheid van de bodem voor het zaad te vergroten. Ploegen op zich is geen specifiek kenmerk van de biodynamische landbouw. Het bewustzijn waarmee de boer de aarde openlegt wel.
Vruchtbaarheid heeft dus ook te maken met het verkleinen van de afstand tussen de aarde en de kosmos. Met ploegen schep je chaos in de bodem. Daaruit ontstaat in de natuur meteen een ontvankelijkheid en een beweging naar ordening. Die ordening wordt enorm beïnvloed door de vormkrachten van de planeten waar ik eerder

over sprak. Die instralende werking staat nog los van de luchtigheid en kruimeligheid van de grond die ontstaat door de inwerking van vorst. Ook de vorstkristallen in een bevroren bodem zorgen voor extra licht in die bodem.'

Jan: Ploegen gaat ook over het weer klaarmaken van de bodem voor een nieuw jaar. Je brengt de aarde na de oogst in een rusttoestand. Die begint met het ploegen van het land, liefst nog voor de winter. Daarbij raakt het bodemleven even beschadigd, maar het is krachtig genoeg om zich te herstellen. Naast de waarde van ploegen zie ik net zo goed het belang van het langere tijd met rust te laten van de bodem. En van het tijdelijk groen houden van een akker met groenbemesters. Uiteindelijk komt echter steeds het moment dat je als boer de regie weer oppakt en met de grond aan de slag gaat. Ploegen zie ik dan als het kneden van de bodem, alsof het deeg is. Voor mijn allerlekkerste taart kneed ik het deeg zelf. Zo werkt het ook met de bodem op mijn bedrijf. Daar pluk ik later de vruchten van. Het belang voor de vruchtbaarheid van die tijdelijke rust van de kale, geploegde bodem moet je niet onderschatten. Naast ploegen, verzorgen biodynamische boeren het bodemleven met de eerder genoemde preparaten. Machteld Huber vertelt in hoofdstuk drie over de werking van de spuitpreparaten. Hoe ga jij om met dit onderdeel van de BD-methode? En hoe ervaar jij de werking van specifiek de compostpreparaten?

'Net als bij ploegen, is het bewustzijn waarmee je als boer met de preparaten omgaat essentieel. Het meest krachtig wordt de werking als jij jezelf verbindt met de ingrediënten en de werking ervan. Elk ingrediënt, of dat nu kiezel, koemest of een van de kruiden is, heeft een sterk eigen karakter. Met daardoor een sterk specifieke werking. Ik probeer de verschillende onderdelen zo goed mogelijk te leren kennen, maak de preparaten liefst zelf en probeer me in te leven in de krachten die op de preparaten en vervolgens op de bodem en de planten inwerken.
Neem bijvoorbeeld brandnetel, een van de planten voor de compostpreparaten. Die is qua wortelstelsel en energie zo krachtig als een ploeg en in die zin enorm belangrijk voor de structuur en vruchtbaarheid van de bodem. Zeker op de kleine schaal waarop wij hier werken, kun je beter brandnetel in je vruchtwisseling meenemen dan ploegen. Als je die een tijd op een niet ontvankelijke bodem zet, verandert de bodem qua geur en energie vanzelf in bosgrond. In preparaatvorm vergelijk ik de werking van de brandnetelenergie met een brandnetelprik op je huid. Net zoals je dat door je hele lijf voelt tintelen, zie ik dezelfde uitstraling door de bodem via de compost. Net als jij door die prik voelt dat je leeft, beleeft de bodem dat ook door het compostpreparaat. Ik ben ervan overtuigd dat de preparaten invloed hebben op de verbetering van de bodemvruchtbaarheid, maar kan het niet wetenschappelijk aantonen.'

Jan: Ik herken wat je zegt over jezelf verbinden met de preparaten. Inmiddels werk ik er weer overtuigd mee, maar ik heb ook crises gekend in de toepassing ervan. Totdat ik deel ging nemen aan een studieclub met collega-boeren. En ik kamille en duizendblad, twee ingrediënten voor de compostpreparaten, terugvond op een nieuw stuk aangekochte grond. Toen werd ik weer enthousiast. We plantten vervolgens eiken aan voor de schors en valeriaan in de slootkanten en kregen daarmee steeds meer preparaatingrediënten op het eigen bedrijf. Het verhaal van de preparaten groeide letterlijk en figuurlijk weer dichtbij en ik kon het voor mezelf weer vertellen. Ik zag dat de bodem, via de kamille en het duizendblad, aangaf waar het behoefte aan had. Door met deze planten via de preparaten te werken, schep ik een modern stukje biodiversiteit op ons bedrijf. Ik zie in deze samenhang nog duidelijker de waarde van de biodynamische manier van werken.

Ploegen zie ik als het kneden van de bodem, alsof het deeg is

Volgens Jan Graafland spelen de preparaten een belangrijke rol bij stimuleren van de bodem om licht en warmte op te nemen. En dat is volgens hem nodig om de planten te ondersteunen in het groeiproces naar bloei en rijping; het proces waarin de materie uiteindelijk wordt vrijgemaakt. Jan Graafland: 'Dat proces begint in de bodem. De mate waarin de bloem zich kan bevrijden van de materie is voor een groot deel afhankelijk van de mate waarin de bodem toegankelijk is voor licht en warmte. Zandgrond die veel licht en warmte doorlaat, is daarom fantastische bloemengrond. Die luchtigheid en lichtheid van bloemen zit als kenmerk al in die zandgrond. Bodem die deze kenmerken nog niet heeft, laat bij planten een heel ander groeiproces zien. Ik geef een voorbeeld. Cichorei maakt hier op de kleigrond enorme bladrozetten. Als ik de bodem niet zou bewerken met de preparaten, krijg ik niet meer dan slechts een paar kleine bloemen. Doordat ik de bodem via de preparaten meer doorlaatbaar maak voor licht en warmte, neemt het aantal bloemen sterk toe. Ik breng dus de wil tot bloemvorming via de preparaten al in de bodem. Daarin zie ik een duidelijke, zichtbare link tussen bodemvruchtbaarheid en de werking van de preparaten'.

Jan: Jouw inzichten gaan diep, maar ik zie het effect van je werk terug in de kwaliteit van je tuin. De planten staan er buitengewoon gezond en vitaal bij. Het streven naar bloemen maakt Weleda heel anders dan akkerbouwbedrijven zoals De Lepelaar. Je ziet in deze vergelijking meteen de essentiële rol van de bodem bij het eigen karakter van elk landbouwbedrijf. Wij streven veel meer naar blad en knol. Voor een slateler is al het begin van schieten een nachtmerrie. Wij zijn dus meer gericht op het vegetatieve deel van het proces, waar jullie juist baat hebben bij zoveel mogelijk generatief vermogen. Dan ben je ook anders bezig met bodemvruchtbaarheid. Nu begrijp ik ook waarom jullie veel meer gericht zijn op het licht- en warmtedoorlatende aspect van de bodem. Herken je dat?

Leven kan alleen ontstaan waar complexiteit is

Jan Graafland: 'Rudolf Steiner heeft met de kruidenpreparaten, via de compost, een breed spectrum aan beelden willen geven aan de bodem. Hij selecteerde zeer verschillend gevormde planten. Paardebloem op een vette weide, kamille op beschadigde grond, brandnetel aan de bosrand, duizendblad op het overgangsgebied tussen twee grondsoorten, eik als symbool van de eindfase in een bos en valeriaan langs een vochtige oever: elke plant is zeer verschillend van karakter, vorm en beeld. Als ik onze composthoop afrond met de compostpreparaten erin en afdek met een laagje grond, riet of compostdoek, ervaar ik die hoop als een levend wezen met allerlei eigenschappen. De preparaten fungeren daarin met al die verschillende kwaliteiten als communicerende organen. De breedte van het spectrum zorgt al meteen voor een eigen dynamiek met een bijzondere werking. Ik zie die werking als een soort van wegwijzers voor de bodem naar de vrijheid om zich open te stellen voor allerlei soorten van belevingen. Bijvoorbeeld het samenbrengen van het aardse en het kosmische via het duizendbladpreparaat of het eikenschorspreparaat, als ijkpunt voor de ontwikkeling naar evenwicht. Ik tracht de bodem er zodanig mee te verrijken dat die zich bereid toont om mee te bewegen met alle bewerkingen die ik wil doen. Op deze manier brengen biodynamische boeren hemel en aarde samen om het plantenrijk naar zijn eigen aard te leren kennen en te verzorgen'.

Jan: Wat is het belang van deze manier van verzorging van de bodemvruchtbaarheid? 'Uit de werking van de preparaten blijkt voor mij dat alleen biologische diversiteit leven creëert', stelt Jan Graafland. 'Leven kan alleen ontstaan waar complexiteit is. Leven is pure vitaliteit. Leven betekent vooral de immuniteit van het organisme intact houden. Met immuniteit bedoel ik de garantie dat elk organisme zichzelf in stand kan houden in de eigen sfeer, in de vorm zoals die bedoeld is. Daar zorgt immuniteit voor. Waar het fout gaat met de immuniteit ontstaan ziektes zoals kanker. Waarbij het individu niet meer voldoende in staat is het eigen vormingsproces onder controle te houden. Dat heeft alles met immuniteit te maken. Daarom is voor ons die eigen aard ook zo belangrijk. Eigenheid gaat om de kracht van het individu. Met de verzorging van die eigenheid op allerlei niveaus, stimuleren we het leven zelf. En ondersteunen we een ontwikkeling waarin levenskracht continue wordt doorgegeven: van bodem, naar plant, naar dier en naar mens.'

'Leven draait om samenhang en samenwerking', vervolgt Graafland. 'Door in de landbouw continu complexiteit toe te voegen, houden we onze eigen innerlijke complexiteit intact. Zo buiten, zo binnen. We voeden ons dus met meer dan alleen stoffen. Eenzijdige voeding en te weinig slaap maken dat het lichaam inboet op de weerbaarheid. Dit verlies aan innerlijke complexiteit maakt dat we de complexe buitenwereld als bedreigend en vijandig gaan ervaren. We worden angstig. Fobieën nemen toe.

Jan: Hoe kun je dit voorkomen?
Jan Graafland: 'Mede via de bodem en de plant. Ik zal het proberen uit te leggen. Een organisme moet continu geprikkeld worden om in actie te blijven. Door een plant een complexe omgeving aan te bieden, moet hij gaan werken. Keuzes maken. Daar ligt een sleutel. Keuzes maken sterkt namelijk de individualiteit. Ik geef een voorbeeld. Om een plant heen kun je de bodem losmaken. Dan wordt het bodemleven actiever. Misschien wordt het droger. Daarmee zet je de plantenwortel meteen aan het denken over hoe hiermee om te gaan. De preparaten prikkelen ook. Ze zijn van verschillende afkomst, dragen verschillende micro-organismen bij zich en hebben ieder een andere uitstraling. De plant moet hiertoe een verhouding zoeken en is – voordat hij het zelf door heeft – geactiveerd.

Daarom werken we ook met wisselteelten. De samenwerking van al die verschillende planten met eigen bodemschimmels, bacteriën en andere onderdelen van het bodemleven vergroot de complexiteit die leven brengt. En daarmee neemt de immuniteit toe.

In dit proces schuilt de kracht van de biodynamische verzorging. Ik vergelijk die verzorging met het medicijnkastje van oma: voor elk kwaaltje heeft ze een natuurlijke oplossing. Aan de andere kant zie je dat de grootschalige monocultuur in de moderne industriële landbouw de vatbaarheid voor ziekten vergroot. Door steeds stukjes uit de complexiteit van het leven weg te halen, leg je uiteindelijk het hele mechanisme lam. Met het toevoegen van complexiteit aan onze voeding dragen de boeren – die grote delen van de aarde beheren – een belangrijke verantwoordelijkheid'.

Jan: Ik herken je beeld bij ons op het bedrijf. De met wilde bloemen ingezaaide akkerranden zijn niet alleen mooi om te zien. Onderzoek toont aan dat per vierkante meter rand meer dan vijfhonderd bodemdieren overwinteren. Per hectare heb je het dan over bijvoorbeeld 1,6 miljoen loopkevers en een half miljoen spinnen. Door een bewuste keuze van soorten bloemen kun je zelfs populaties van specifieke insecten ondersteunen. En daarmee weer andere dieren die een eigen rol vervullen in die complexiteit van leven. De laatste jaren broeden opvallend veel scholeksters en kieviten op onze akkers. Waarschijnlijk maken ook die vogels een gevoelskeuze voor BD-grond. Zo'n dier voelt haarfijn aan waar de bodem krioelt van de wormen en andere insecten. Ook de lepelaar komt regelmatig foerageren op het bedrijf. Zijn witte verschijning geeft me een gevoel van trots. We zijn goed bezig.
Bij biodiversiteit gaat het namelijk ook om de kracht van de symbiose, van de gemeenschap. Om het samenwerken van al die levensvormen met elkaar. Waarbij de mens veel minder regisseur moeten willen zijn dan in de afgelopen jaren zichtbaar is geworden. Biodiversiteit is volgens mij toch weer mee durven bewegen met wat de natuur aanreikt en voorhoudt. Juist die complexiteit van de plantenwereld en de dierenwereld dragen bij aan de kwaliteit die zo belangrijk is voor onze eigen gezondheid.
Ik geef een voorbeeld. Het feit dat een plant in staat is om een antistof aan te maken waardoor een luis of een rups die plant niet lekker vindt, geeft extra kracht en daarmee kwaliteit aan die plant. Dat moet je als boer dan wel durven laten gebeuren. In vertrouwen dat lieveheersbeestjes en sluipwespen de luis of rups weer uitschakelen. Laat je door te snelle bestrijding van de luis of rups dat proces niet toe, dan mist die plant ook die extra kwaliteit.
Als je voor voeding kiest uit productiemethoden waarbij dit soort processen niet meer mogelijk zijn, mist die uiteindelijk de kwaliteit die je voor je gezondheid nodig hebt. Dit soort processen kunnen niet bij hightech groenteteelt op water. Alleen de teelt van groenten in de volle grond kan deze complexiteit aan levensvormen bieden.

'Uiteindelijk gaat het erom hoe wij als mensen de aarde achterlaten', zegt Jan Graafland. 'Daarin speelt de biodynamische landbouw een belangrijke rol. De industriële landbouw bewerkt de aarde zo intensief dat die uitgemergeld achterblijft. Wij beroeren de aarde ook, maar laten de bodem verrijkt en vruchtbaar achter. Dat wezenlijke verschil stimuleert mij enorm in mijn werk. BD-boeren houden rekening met de rijke diversiteit aan planten en dieren op en rond het bedrijf, met het landschap en met de wisselwerking tussen aarde en kosmos; fantastisch gereedschap. Na jaren hiermee werken zag ik de bodem net zo levend worden als de planten en de dieren. De eenheid van bodem, planten, dieren en mensen werd langzaam maar zeker hersteld. Natuurlijk hoort de mens ook in dat geheel. De verzorgende rol van de boer, zoals de biodynamische landbouw die voorziet, is enorm belangrijk. Ik begeleid en orden de natuurlijke processen op mijn bedrijf en ben daardoor een essentieel onderdeel van het grotere geheel van de natuur. Ik ben daarin ondergeschikt aan de natuur, maar in mijn rol als boer bovengeschikt aan de gewassen die ik teel. De natuur trekt zich niets aan van mijn draaiboek en ik wil uiteindelijk wel oogsten. Daarbij past bescheidenheid, maar ook daadkracht om de dingen te doen die nodig zijn om uiteindelijk te kunnen oogsten.'

Uiteindelijk gaat het erom hoe wij als mensen de aarde achterlaten

Over zijn plek als BD-tuinman in de maatschappij zegt Jan Graafland: 'Ik volhard in mijn eigen manier van werken en laat mij niet afleiden door de bladen, de televisie of de wetenschap die me voorhouden hoe ik zou moeten leven en werken. Ik geef rondleidingen en zie mensen de tuin in komen en opleven. Ik werk stug door, vanuit de intentie om de plek rijker te maken en nog meer bij te dragen aan de complexiteit van leven. Jaar in jaar uit werken met deze materie leerde me steeds beter zien dat de bodem reageert op mijn verzorging. Ik leerde aanvoelen wat die bodem op een bepaald moment nodig heeft. Na al mijn zorgwerk met de beste intenties, zag ik de bodembereidheid en de vruchtbaarheid als het ware geleidelijk naar me toe komen. Een bodem is voor mij net zo sensibel als een menselijk lichaam. En heeft dezelfde eigenschappen. Weet je dat Penicilline bijvoorbeeld ook gewoon een bodemschimmel is? En dat wij dezelfde mineralen en metalen in de bodem ook in ons lichaam hebben? Ik zie deze tuin dan ook als een liggende mens, een enorme reus die onder mij ligt en waar ik steeds aan werk. De aarde is een heel oud wezen dat perfect aangeeft of jij het pijn doet of plezier. In mijn werk probeer ik dat wezen steeds te kietelen en plezier te doen'.

'We zijn als mens net zo complex als de levensvormen waar we ons in de natuur zo over verwonderen' zegt Jan Graafland tenslotte. 'Vanuit die gedeelde complexiteit in zowel aarde als mens, is elk stukje dat je mist in je omgeving, een gemis in jezelf. En is elke toevoeging vanuit jezelf een verrijking. Het communiceren met die complexiteit aan levensvormen vormt voor mij de essentie van bodemvruchtbaarheid, evenals de beloning van mijn zorg: in de vorm van de bodem die zich bereid toont en een rijke oogst.

Weet je, bij alle doemscenario's over de vernietiging van de aarde voel ik me als BD-boer helemaal niet onmachtig. Juist omdat ik zo direct met de aarde bezig ben. En het instrumentarium heb om daadwerkelijk iets positiefs met de aarde te doen. De toekomst van de aarde hangt van de mens af. Welke keuzes gaan we als mensen maken?'

Compostpreparaat wordt met de hand in een mest- of composthoop ingebracht (zie p63 en p92)

Welke keuzes gaan we maken? Deze vraag, waarmee Jan Graafland zijn betoog in het vorige hoofdstuk eindigt, houdt ook mij bezig. Hoe gaan we in de toekomst om met de natuur, het milieu, de economie, de samenleving, de gezondheidszorg en natuurlijk de landbouw? Anno 2012, in een tijdperk waarin de financiële wereld in crisis is, de politiek visie mist, het klimaat extremer wordt en de biodiversiteit achteruit holt, is het beantwoorden van deze vraag interessanter dan ooit. De druk om te kiezen neemt met het intensiveren van de problematiek toe, net als de keuzemogelijkheden én het verzet tegen veranderingen.

Mijn gesprekspartners tonen zich optimistisch over de toekomst van de BD-landbouw. Ik voel daarover nog onzekerheid. Ik zie nog niet veel boeren overschakelen van de gangbare industriële werkwijze naar het biologische of biodynamische alternatief. De meeste consumenten kiezen nog steeds voor voeding tegen de laagste prijs en waar blijft de overheid? Die lijkt vooral in te gaan zetten op grootschaligheid en hightech voedselproductie waar geen bodem meer aan te pas komt. Blijft de biodynamische methode daarmee een niche van een klein aantal idealistische pioniers? Blijven we produceren voor een kleine groep geïnteresseerden?

Of daagt er toch een nieuwe toekomst? Een toekomst waarin de inzichten over samenwerken met de natuur, werken aan bodemvruchtbaarheid en denken in kringlopen gemeengoed worden? Een toekomst waarbij BD-landbouw vanzelfsprekend de weg wijst?

Als er één man is die zicht heeft op de contouren van de landbouw van de toekomst, is het Herman Wijffels. Hij heeft een indrukwekkende staat van dienst als topbestuurder en visionair econoom (zie kader). Als boerenzoon en voormalig ambtenaar op het ministerie van Landbouw is hij zeer begaan met de ontwikkelingen in de agrarische sector. Toen Wijffels in 2009 stopte met zijn werk voor de Wereldbank in Washington, besloot hij zijn leven verder te wijden aan het delen van zijn kennis, ervaring en vooral zijn visie op een duurzame samenleving. Ik ga bij hem op bezoek met één centrale vraag: hoe kan de landbouwvorm – die zorg moet dragen voor de bodemvruchtbaarheid en de complexiteit die we als mens voor onze voeding nodig hebben – op grote schaal georganiseerd worden?

Herman Wijffels: 'Het antwoord op deze vraag draait om de wijze waarop de mensheid opnieuw moet leren in haar behoeften te voorzien. Daarvoor moeten we eerst kijken naar hoe de mens nu in zijn algemeenheid oogst uit de rijkdom van de aarde. De huidige basisstructuur van de economie, en ook van de gangbare landbouw, heeft een lineair karakter. Hij is georganiseerd als een keten. Van grondstoffen uit de bodem worden producten gemaakt, geteeld, gefokt en geconsumeerd. Restanten en afval worden daarna gedumpt in de natuur.
Zolang de hulpbronnen, bijvoorbeeld van olie, metalen en mineralen, rijk zijn – en het milieu de afvalstromen aan kan – is deze manier van werken geen probleem. De mensheid is de afgelopen eeuw met deze methode zeer succesvol geweest.
Niet voor niets groeide het aantal aardbewoners van één miljard in 1800 naar zeven miljard in 2011 en zullen in 2050 naar verwachting negen miljard mensen de wereld bevolken.
Maar wat blijkt? Andere hulpbronnen, met name de natuurlijke, zoals vruchtbare grond, water, energie, fosfaat en biodiversiteit, zijn niet toereikend om de westerse voedselconsumptie en gangbare landbouwmethode vol te houden. De hoeveelheden primaire grondstoffen raken op en de oceanen, bodem en atmosfeer kunnen

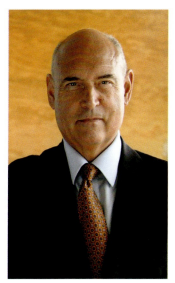

Prof. Dr. Herman Wijffels

Econoom Herman Wijffels is tegenwoordig hoogleraar Duurzaamheid en Maatschappelijke verandering aan de Universiteit Utrecht. Vanuit die functie is hij lid van de Wetenschappelijke Raad voor Integrale Duurzame Landbouw en Voeding. De voormalige topman van de Rabobank en prominent CDA'er heeft tijdens zijn loopbaan vele vooraanstaande functies bekleed, waaronder voorzitter van de Sociaal-Economische Raad (SER), formateur van het kabinet Balkenende-Bos en bewindvoerder bij de Wereldbank. In 2010 werd Wijffels uitgeroepen tot de invloedrijkste duurzame Nederlander, naar aanleiding van een onderzoek van Dagblad Trouw.

het afval niet meer verwerken. We overbelasten de aarde. Ik noem dat 'overshoot': we schieten over een duurzame manier van oogsten heen. Als we op deze lineaire manier verder willen, hebben we meerdere aardbollen nodig. En die zijn er vooralsnog niet.

Dit aspect kenmerkt ook de Nederlandse gangbare landbouwbenadering. Onze industriële landbouwmethode is de afgelopen decennia zeer succesvol geweest in het toepassen van lineaire processen. Op een klein aardoppervlak is deze intensieve manier van werken in staat geweest een enorme voedselproductie te organiseren. En daarmee technologisch leidend te worden in de wereld. Diezelfde hoogproductieve benadering is echter meteen het probleem voor de toekomst van deze methode. De gangbare landbouw is namelijk enorm afhankelijk geworden van eindige hulpbronnen op energiegebied, bemesting en bestrijding. En dat niet alleen. De chemische opzet – waarbij boeren slechts in stoffen denken en bemesting beperkt wordt tot een beperkt aantal van die stoffen – heeft geleid tot een tekort aan micronutriënten in de bodem. Deze gebreken komen uiteindelijk onze gezondheid niet ten goede.

De eenzijdige, productgerichte organisatie van de voedselvoorziening mist oog voor samenhang. En heeft tevens geleid tot verarmde en verstoorde relaties tussen de schakels in de lineaire keten. Vervreemding noem ik dat. Met als gevolg dat de boer weinig of geen oog meer heeft voor het leven in de bodem en dat dieren behandeld worden als productie-eenheden. De handel perst de boeren uit en kostbare landbouwgrond en voeding wordt steeds meer als speculatieobject gezien. De consument heeft daarbij geen idee meer wie voor hem produceert en hoe dat gebeurt. En de boer teelt en fokt voor een consument zonder gezicht. We betalen de prijs voor het succes met tal van problemen.

Met het alternatief voor de hierboven genoemde lineaire benadering komen we dichter bij het antwoord op jouw vraag. Sterk versimpeld zie ik de inrichting van de duurzame landbouw van de toekomst als een circulaire 'ketting'. In dat beeld passen andere samenwerkingsvormen, andere geldsystemen en ook andere productievormen. We gaan daarin anders om met de natuur. De primaire grondstoffen die nu op dreigen te raken, laten we rondgaan in cyclische processen. En we werken in plaats van met nazorgsystemen eerder met voorzorgsystemen. Als onderdeel van de natuurlijke stroom laten we geen of zo min mogelijk afval achter. Energie wordt alleen nog maar geproduceerd met permanent beschikbare bronnen als zon en wind. En ontwerpen en productieprocessen gaan uit van het Cradle-to-Cradleprincipe. In dit concept worden alle gebruikte materialen na hun leven in het ene product nuttig ingezet in een ander product. Zonder kwaliteitsverlies. Alle restproducten moeten hergebruikt kunnen worden of milieuneutraal zijn. De kringloop is daarmee compleet. De kern van een duurzaam functionerende economie is oog hebben voor samenhang. Daarover vertel ik straks meer.

Bij de cyclische benadering krijgt vervreemding geen kans. Cyclisch werken gaat namelijk ten diepste over een hogere kwaliteit van relaties. Om authentiekere relaties met onszelf, met de ander en met de natuur. Naast samenhang moeten dus ook de verstoorde relaties hersteld worden. In de toekomstige cyclische landbouw zoeken alle schakels van de ketting verbinding met elkaar: bodem, boer, handel en consument. Voedsel moet weer identiteit krijgen, een gezicht en een verhaal. Dat levert veel stabielere relaties op dan een keten met open markten tussen de schakels. Samenwerking tussen de economische schakels is van groot belang om elke schakel van een evenwichtig duurzaam inkomen te voorzien. Om dit te bereiken zullen we anders om moeten gaan met bijvoorbeeld het mededingingsbeleid. Waarom spreken we niet af wie welk deel van de consumenteneuro krijgt? In de cacao-industrie wordt hierover al volop overlegd. Chocoladeproducent Verkade is voor zijn grondstoffen overgestapt op Fairtrade cacao en rietsuiker. De boeren in Afrika en Zuid-Amerika krijgen nu een kostendekkende prijs en daar bovenop een ontwikkelingspremie om hun achterstand in te halen.

De eenzijdige, productgerichte organisatie van de voedselvoorziening mist oog voor samenhang

Jan: De BD-landbouw werkt al bijna honderd jaar vanuit de cyclische inzichten, maar lijkt daarmee vooralsnog alleen te staan. Ik zie in de algemene landbouw nog geen wezenlijke veranderingen, ondanks de pittige problematiek die u schetst. Sterker nog, begin september 2012 riep Aalt Dijkhuizen, de bestuursvoorzitter van de Wageningen Universiteit, nog op tot behoud en zelfs uitbreiding van de intensieve landbouw om de groeiende wereldbevolking te kunnen blijven voeden. Alternatieve lokale en regionale productieketens en biologische landbouw leiden volgens Dijkhuizen tot honger. Wat vindt u van zijn veelbesproken oproep?

Herman Wijffels: 'De grote transitie die ik voorzie gaat niet vanzelf. De oude orde, decennialang zeer succesvol met de lineaire manier van werken, gaat hiertegen in verzet. Nederland is kampioen van de industriële benadering van voedselproductie.

Die positie geef je niet snel op. De opmerkingen van Dijkhuizen passen hierbij. Ik bestrijd echter niet zijn visie dat we behoefte hebben aan een hoogproductieve landbouw, maar denk wel anders over de manier waarop we die vormgeven. Ik geloof niet in de chemische manier waarop de intensieve landbouw deze productie denkt te blijven behalen. Die leidt alleen maar tot nog meer soortenarmoede en erosie van de bodemvruchtbaarheid.

De landbouw van de toekomst werkt juist continu aan de versterking van het natuurlijke systeem. In de circulair georganiseerde landbouw van de toekomst zorgt de boer ervoor dat hij de nutriënten die hij met het oogsten uit de bodem heeft opgenomen, teruggeeft via een natuurlijke, evenwichtige bemesting. Om dat goed te organiseren, adviseer ik onder meer het opnieuw werken in gemengde bedrijven van veeteelt en akkerbouw.

Er breekt nu een tijd aan waarin we onszelf en onze voedselketen weer moeten leren zien als onlosmakelijk onderdeel van de natuur

De opmerkingen van Dijkhuizen over het tekortschieten van de lokaal georganiseerde alternatieve landbouw zijn naar mijn mening relatieve onzin. Het totale landbouwsysteem in de wereld is voor het overgrote deel juist ingericht naar lokale productie voor lokale markten. Dat is prima en verander je niet. In de marge van deze hoofdstroom hebben de internationale mogelijkheden die hij voorziet, vanuit duurzaamheidoogpunt weinig toekomst. Ik geef een voorbeeld. Dijkhuizen ziet vooral brood in de Nederlandse intensieve veehouderij. Juist die productie van vlees en veevoeders gaat gepaard met een grote waterbehoefte. Voor een kilo rundvlees is 15.000 liter, een kilo varkensvlees 6.000 liter en een kilo kip 4.300 liter water nodig. In deze vorm met water slepen heeft weinig nut. Daarover groeit wereldwijd het inzicht. De tendens is veel meer gericht op het zorgvuldig beheren van lokale hulpbronnen. Het idee dat wij hier in Nederland een wezenlijke bijdrage kunnen leveren aan de wereldvoedselproductie is een overtrokken ambitie. Ik zie wel een rol voor Nederland. In het delen van onze kennis en ervaringen bij het realiseren van de optimale benutting van een natuurlijke voedselproductie.

Het einddoel van een landbouw die, op zoek naar evenwicht, samenwerkt met de natuur, is niet meteen in zijn zuiverste vorm te realiseren. Dat gaat via vele tussenstappen en duurt decennia. De gangbare landbouw is de afgelopen jaren al duurzamer gaan werken – door bijvoorbeeld minder kunstmest en meer dierlijke mest te gebruiken, maar we zijn er nog niet. Ook verderop in de keten worden de tekenen van verandering steeds duidelijker. Kijk maar hoe bijvoorbeeld Campina weidemelk propageert. En hoe Unilever belooft om in 2020 de ecologische voetafdruk[7] van de productieprocessen te halveren ten opzichte van 2011. Zulke beloften zetten veel in gang. De maatschappij kijkt mee en toetst de ontwikkelingen. Ik zie uiteindelijk een grote duurzaamheidbeweging ontstaan; één grote integratiebeweging om de aarde heel te maken.'

'Weet je waarom de cyclische benadering zo krachtig is', vraagt Wijffels, om meteen het antwoord te geven. 'Omdat deze benadering veel beter past bij de werkelijkheid waarin we leven. Een werkelijkheid die een dynamisch, interactief en zelforganiserend geheel blijkt te zijn. Met name die zelforganisatie is een fascinerend fenomeen dat je veelvuldig terugziet in de natuur. Denk maar aan de hele ontwikkeling van een kiemcel tot een volledig organisme. Of beter zichtbaar, aan vogels die bij het naderen van een roofdier spontaan opvliegen in een zwerm. Schijnbaar gecoördineerd vliegen ze dezelfde kant op om het roofdier in verwarring te brengen. Dit kuddegedrag zie je bij veel diersoorten terug. Er is een gezamenlijk patroon in het gedrag, zonder dat één leider het patroon oplegt. Andere zelforganiserende fenomenen in de natuur zijn adaptatie van soorten aan hun omgeving (evolutie), aanpassing van soorten aan elkaar (co-evolutie) en andere aanpassingsprocessen die te maken hebben met efficiënt gebruik van en competitie om hulpbronnen. Met deze evolutionaire werkelijkheid zijn wij onlosmakelijk verbonden. Inzicht in en verbinding met die werkelijkheid is de sleutel naar de nieuwe duurzame samenleving. Ik zal uitleggen hoe ik dat zie.

Filosofisch gezien heeft de mens de afgelopen eeuw geleefd vanuit een houding van pakken wat er is, het kan niet op. De mens plaatste zichzelf boven de natuur. Een houding die leidde tot meer en meer vervreemding van de natuur. In de fase die nu aanbreekt gaan we van een atomistisch wereldbeeld van afgescheidenheid naar een wereldbeeld van samenhang en verbondenheid. Er breekt nu een tijd aan waarin we onszelf en onze voedselketen weer moeten leren zien als onlosmakelijk onderdeel

---

7 De ecologische voetafdruk is een concept dat in hectare weergeeft hoeveel vruchtbare land- en wateroppervlakte iemand (of een hele gemeenschap of heel de wereld) nodig heeft om de goederen die nodig zijn om te voorzien in levensonderhoud te produceren en het afval dat er bij hoort te verwerken. Zie: http://www.voetafdruk.nl/

van de natuur. We moeten opnieuw inzien dat voedsel en landbouw ons als een navelstreng verbinden met de natuur en met de cyclische processen die het leven in de natuur reguleren.

Weet je wat die zelforganisatie van de natuur zo interessant maakt? Het houdt ons een perfect harmonische ontwikkeling voor. Precies wat we nodig hebben om de eerder geschetste problemen in de voedselvoorziening op te lossen. Meebewegen met de naar evenwicht strevende natuur werkt veel krachtiger dan het met veel externe input beheersen van het leven door chemische en materiële reacties.'

Jan: Zelfs op de universiteit van Aalt Dijkhuizen doen ze ontdekkingen die dit inzicht bevestigen. Hier ontdekte de Wageningse hoogleraar Marcel Dicke dat planten, die worden aangevallen door herbivore insecten, soms signaalstoffen (zgn. synomonen) afscheiden die carnivore insecten lokken. Voorbeeld: koolplanten die worden aangevreten door rupsen van het koolwitje lokken sluipwespen aan. Voor de ontdekking van dit mechanisme kreeg Dicke de Spinozaprijs, de hoogste Nederlandse onderscheiding in de wetenschap. Terughoudendheid en meebewegen met de natuur bieden aantoonbaar belangrijke nieuwe mogelijkheden voor plaagregulering en vermindering van het gebruik van insecticiden.

'Precies!', reageert Wijffels enthousiast. 'Daarom is het zo belangrijk dat we zorgdragen voor de gezondheid van de gehele natuur. Daarmee houden we namelijk de gewassen gezond. En het vee. En met deze input voor voeding ook onszelf. Zo eenvoudig is het. In de landbouw van de toekomst werken boeren veel meer vanuit de orde die de natuur ze voorhoudt. Ze zien de natuur als gelijkwaardige partner en de bodem als levende, gezonde basis van landbouw en voeding.'

Jan: Zo werken kan volgens mij alleen als je als boer verder kunt kijken dan alleen de materiële kant van de landbouw. Juist die spirituele aspecten van de BD-landbouw roepen echter buiten de kleine groep pioniers nog steeds weerstand en onbegrip op. Wordt dat anders in de toekomst?

'Samenwerken met de natuur wordt vanzelfsprekender als je oog krijgt voor het grote evolutionaire proces waarvan wij onderdeel zijn', legt Wijffels uit. 'We leven nu op een belangrijk evolutionair moment. De mens is van ver gekomen: van eencellige wezens hebben we een complexe ontwikkeling doorgemaakt. Die ontwikkeling gaat nog verder. De evolutie gaat door. We 'ont-wikkelen' ons: minder fysiek, meer bewustzijn. We halen onze kwaliteiten uit de wikkels en zetten ze in voor het proces naar leven vanuit verbinding met het geheel. Dat verbinden is bij uitstek een spiritueel proces.

In de essentie gaat dit innerlijke proces voor mij om de vraag voor ieder van ons hoe wij ons eigen leven inrichten. Of we in verbinding met de Bron doen waarvoor we hier rondlopen. Wat doe jij met jouw leven? We zijn allemaal heel verschillend en spelen ieder een eigen rol in het evolutionaire proces. Het gaat erom verbinding te maken met wie jij bent en van daaruit te leven zoals het bedoeld is.

We zijn nu toe aan een fase voor de hele mensheid waarin de algemene rol van religie voorbij is. We gaan van algemene spiritualiteit naar een individuele beleving. Daarbij verbindt het individu zich met het geheel en met zijn eigen rol in het geheel. 'Waartoe ben _ik_ op aarde' wordt wat mij betreft de nieuwe eerste vraag van de catechismus. Iedereen zal hierbij zijn eigen rol in het leven moeten oppakken.

De consequentie van deze ontwikkeling is een veel grotere rol voor de relationele ethiek. Ieder van ons zal zijn gedragingen moeten toetsen op het effect van het handelen op anderen en op het geheel. Dit hele proces wordt gedreven door bewustzijnsontwikkeling. De veranderende werkelijkheid die wij waarnemen is niets anders dan de reflectie van dat veranderende bewustzijn. Binnen de biodynamische landbouw heeft het spirituele aspect een expliciete rol. BD-boeren lopen daarmee in de voorhoede van het evolutionaire proces. Zij hebben als het ware een blauwdruk om die rol in hun leven te vervullen. Je hebt overal voorlopers, volgers en dwarsliggers. Iedereen heeft een eigen rol in het proces. Elke rol heeft gelijke waarde.'

We 'ont-wikkelen' ons: minder fysiek, meer bewustzijn

'De ontwikkeling van de gangbare landbouw is eveneens een reflectie van een veranderend bewustzijn', vertelt Herman Wijffels verder. 'Tot zo'n honderd jaar geleden was de landbouw primitief georganiseerd. Het was een weerspiegeling van het religieuze bewustzijn dat het behelpen was hier op aarde en dat de mens de hemel met hard werken moest verdienen. Daarboven zou het paradijs wachten. Onder invloed van Verlichtingsdenkers, zoals Descartes, Newton en Darwin, ontwikkelde zich nieuw bewustzijn. Men zocht antwoord op de vraag: hoe kunnen we het leven hier en nu beter maken? Materiële welvaart en een beter leven werd het nieuwe doel. En dat is voor de meeste mensen ook bereikt. Het streven naar materiële vooruitgang stimuleerde ook de landbouwontwikkeling tot een industrieel complex. Met wetenschappelijke kennis en technologie als reflectie van het bijbehorende bewustzijn. Die kennis en technologie zijn van grote waarde. Daarmee heeft de mens alle aspecten van het leven kunnen verkennen.

De focus op economische groei is doorgeschoten. Dat proces leidt nu opnieuw, stap voor stap, tot veranderend bewustzijn. In de reflectie daarop zien we een beweging ontstaan naar een meer kwalitatieve inrichting van ons bestaan. Gevoel en intuïtie worden belangrijker. Het is nu zaak om de vergaarde kennis en technologie toe te passen op het geheel van het leven zelf. We zullen daarbij inzien dat het soms beter is om van het leven af te blijven. Om meer te vertrouwen op de zelfregulerende processen van de natuur. Precies zoals de BD-landbouw dat gebruikt als uitgangspunt. Kennis van het leven helpt om de condities zodanig te creëren dat de natuur haar ordenende werk kan doen. Binnen de evolutionaire ontwikkeling naar meer bewustzijn voorzie ik dat ook de interesse voor de niet-materiële aspecten van de BD-landbouw zal toenemen.'

Jan: Zo optimistisch als u het proces nu schetst, voelen de crises minder zwaar. Het wordt eerder een prikkelende uitdaging om die nieuwe maatschappij met de nieuwe landbouw en voedselproductie vorm te gaan geven. Iets om lol in te krijgen. Uw visie sluit aan bij de 'gein' van de biologisch-dynamische ontwikkelingsweg die Jan Diek van Mansvelt in hoofdstuk één schetst.

Herman Wijffels: 'De ontwikkeling naar een nieuwe wereldorde betekent het vieren van mogelijkheden. Het ligt allemaal in de handen van de nieuwe generatie. Ik zie dat de jongeren van nu minder aan materie hechten, bijvoorbeeld aan het bezitten van een auto. Ze voelen geen angst dat ze iets tekortkomen en ze groeien op in een wereld waarin ze allemaal verbonden zijn door de nieuwe media. Zij zien de wereld nu al als een samenhangend geheel.
Alle ingrediënten voor de transformatie naar een nieuw systeem zijn al beschikbaar: de inzichten, de kennis en de technologie. Het gaat om de wil en ons organiserend vermogen om het ook daadwerkelijk te doen. De 'emergentie' die ik voorzie – een volgende fase in de lange lijn van de geschiedenis – vraagt om een open ontwikkeling met ruimte om nieuwe ideeën een kans te geven. In plaats van het vastleggen van en vasthouden aan wat we hebben. We hebben een decentraal systeem nodig, waarin we verbonden zijn door middel van netwerken. Het internet staat hiervoor model.
Als 'primaire sector' zou de gangbare landbouw hierin het voortouw moeten nemen. Alle groei begint namelijk in de bodem. De overheid kan de ontwikkeling ondersteunen met beleid gericht op de kwaliteit van ons voedsel in plaats van het streven naar kwantiteit. Daarnaast kan ze met gericht beleid de bedrijfstak en de economie helpen omvormen van de huidige lineaire naar een cyclische organisatie. Neem als voorbeeld de veehouderij, waarbij we toemoeten naar het fokken van dieren met

een robuust immuunsysteem. De bedrijfsgroei moet daarbij gebaseerd worden op instandhouding van dit immuunsysteem, omdat aantasting ervan de gezondheid ondermijnt. De overheid kan hierin aansturen met normen en richtlijnen om het evenwicht te bewaken.'

De ontwikkeling naar een nieuwe wereldorde betekent het vieren van mogelijkheden

Jan: Uw eerder genoemde voorstel voor gemengde bedrijven is al vanaf het begin praktijk binnen de biodynamische landbouw. Daarnaast werken akkerbouwers samen met veehouders in koppelbedrijven, zoals wij dat doen met De Buitenplaats. Het denken en werken vanuit kringlopen is een elementair uitgangspunt van de BD-landbouw (zie hoofdstuk vier). Dit geldt eveneens voor het aangaan van duurzame economische en sociale relaties met de omgeving (zie hoofdstuk één).
De BD-landbouw blijkt een belangrijke inspiratiebron voor de maatschappelijke vernieuwing die u schetst. Voorbeelden zijn het groenteabonnement – of nog verdergaand het pergolasysteem – en de combinatie van landbouw en zorg. BD-boeren waren de eerste ondernemers die met paddenpoelen, ruigtes, hagen en wilde bloemenranden de natuur meer ruimte gaven op hun bedrijf. BD-veehouders zijn tevens voorlopers als het gaat om het respectvol verzorgen van dieren naar de eigen aard en het voorkomen van het gebruik van antibiotica. Wij kunnen de gangbare landbouw op meerdere vlakken veel kennis en ervaring bieden.
In uw betoog neemt u de gangbare landbouw als uitgangspunt van de transformatie. Die landbouw moet volgens u natuurlijker worden. De overige sprekers in het boek namen de BD-landbouw als uitgangspunt. Een interessant keerpunt. Welke rol ziet u voor de biodynamische landbouw in het proces naar een duurzame landbouw op grotere schaal?

Herman Wijffels: 'De biologische en biologisch-dynamische landbouwsector heeft veel pioniersarbeid verricht in de ontwikkeling van een cyclisch werkende landbouw. Daarbij is de beweging echter vooral erg met zichzelf bezig geweest. Het is nu tijd dat de biosector zich opent om de inzichten te delen met gangbare collega's, de overheid en de consument. Die inzichten zijn van grote waarde voor het enorme transformatieproces van het lineaire denken en werken naar de cyclische benadering. Hierbij kan de biodynamische landbouw fungeren als bron van inspiratie.'

Jan Schrijver bewaart de BD-preparaten in een speciale kist

NAWOORD

Verrijkt met nieuwe inzichten bereik ik de eindbestemming van mijn reis. Onderweg heb ik geleerd van mijn gesprekspartners dat de biologisch-dynamische landbouw een grote bijdrage kan leveren aan de ontwikkeling van alle landbouw, en aan de samenleving. Dat stemt me trots en dankbaar. Maar geeft me ook een groot besef van verantwoordelijkheid. Zeker als iemand als Herman Wijffels het heeft over de inspiratiebron voor de toekomstige landbouwontwikkeling.

De BD-landbouwsector kan deze rol volgens mij alleen waarmaken als ze in haar eigen ontwikkeling een aantal stappen zet. Allereerst vraagt de diepzinnige kant van BD om een vertaling naar meer moderne begrippen. Bij de fijnzinnigheid waarmee we werken hoort volgens mij een mate van exactheid om die fijnzinnigheid te aarden. Vanuit mijn eigen praktijk denk ik dan aan analyses van humusgehaltes, activiteit van het bodemleven en gehaltes aan stoffen. Die maken het 'lezen' van de bodem en het 'aanvoelen' van de behoeften van bodem en gewas door de BD-boer tastbaarder. Ook de vergelijkende onderzoeken die Machteld Huber doet tussen koolsoorten uit verschillende landbouwmethoden vallen hieronder. De exacte benadering van ons werk biedt houvast en handvaten om in gesprek te komen met niet BD-boeren en wetenschappers.

Daarmee komen we bij stap twee, waar ik met dit boek een bijdrage aan lever: de BD-sector zet zich in voor actieve uitwisseling van kennis, ervaring en inzichten met de reguliere landbouw en wetenschap. Dat vraagt om zelfvertrouwen en met open vizier naar buiten treden. Door te laten zien welke oplossingen wij hebben voor de vraagstukken die zich aandienen in de veranderende samenleving, toont de biodynamische landbouw het meest krachtig haar waarde.

Ik wens dat Lia – de klant met wiens vragen ik mijn ontdekkingsreis begon – en de overige lezers, blij verrast zijn met de antwoorden en inzichten in dit boek. En dat ze geraakt worden door het optimisme dat door alles heen spreekt. We hebben in Nederland veel kwaliteit in huis. Het is tijd om die in te zetten voor verandering en het feest van mogelijkheden te omarmen. Zodat meer jonge mensen inspiratie zullen vinden in de eindeloze ontwikkelingsmogelijkheden die de landbouw biedt.

Er liggen veel uitdagingen op het gebied van onder meer maatschappelijk verantwoord ondernemen, arbeidsparticipatie, preventieve gezondheidszorg en veredeling. Bouwen aan de toekomst van de agrarische sector vereist voor jonge boeren een andere scholingsweg dan de huidige mogelijkheden. Hiermee kom ik bij de laatste ontwikkelingsstap. Met het naderen van de eindbestemming in mijn BD-beroepsontwikkeling roep ik bevlogen vakmensen uit de biologische en biodynamische landbouw op om de koers verder uit te zetten. Vanuit een zelfstandige instelling voor hoger biologisch (dynamisch) onderwijs. Scholing waar de identiteit van de landbouw weer voorop staat. Onderwijs dat landbouwondernemers klaarstoomt voor een meer fijnzinnige benadering. Als tegenwicht voor het pleidooi (vanuit de Wageningen Universiteit) voor nog meer grootschalige intensieve landbouw. Voor onze menselijke ontwikkeling moet juist het telen van producten met een hoge voedingskwaliteit voorop staan. Deze weg naar kwaliteit biedt een wereld aan ontdekkingsmogelijkheden, waartoe ik wetenschappers van harte uitdaag.

Ook de biologische en biologisch-dynamische landbouwmethoden kunnen slimmer. Dat vraagt echter eerlijke kansen op het gebied van financiering en vraagstelling in vergelijking met de gangbare hoofdstroom. Als dat gebeurt, weet ik zeker dat blijkt dat de 'alternatieve' landbouw een grote bijdrage kan leveren aan de gezondheid van mensen. Met name de biologisch-dynamische landbouw kan dan een fundament aanreiken voor een op preventie gerichte gezondheidszorg.

En een inspirerende werkomgeving bieden voor jonge mensen, zodat de ineenstorting van het aantal boerenbedrijven eindelijk stopt. Hoger biologisch (dynamisch) onderwijs biedt de mogelijkheid om samen met jonge boeren na te denken over maatschappelijke veranderingen. En gevolg te geven aan de oproep van Herman Wijffels om de grote rol van de landbouw als primaire sector waar te maken vanuit ons gedachtegoed. Fijnzinnigheid leidt in deze ontwikkeling tot eerlijke keuzes. Bij het toenemende bewustzijn in de wereld past dan ook maar één beweging: elke boer op weg naar een fijnzinnige landbouw.

Sint Maarten, november 2012
Jan Schrijver

Mijn nadere kennismaking met de biologisch-dynamische landbouw ontstond in 1997. Ik werkte toen bij BD-groothandel Odin in de export van groenten en fruit. Eén keer per week, na het werk, bestudeerde ik met een aantal collega's de Landbouwcursus van Rudolf Steiner. Het was vaak taaie kost, maar begeleider Jan Saal wist steeds weer onze fascinatie te wekken voor die mysterieuze wereld van etherkrachten, bodemleven en astrale inwerking. De Landbouwcursus hebben we nooit helemaal afgemaakt, maar de BD-essentie van de verzorging van het leven door de boer, in volledige samenhang met de omgeving, heeft me gestimuleerd om meer vanuit het geheel te denken en te werken.

Later, van 2002 tot 2007, verzorgde ik de communicatie rond het Odin Groenteabonnement. Tijdens werkbezoeken aan BD-bedrijven en contacten met BD-boeren, zoals Jan Schrijver, ervoer ik de weerbarstige praktijk van alledag. Ik leerde over de economische worsteling, de teeltsuccessen en -mislukkingen, de weerstand en de continue strijd met de elementen. Mijn bewondering groeide voor het doorzettingsvermogen en de eigenheid van iedere boer en elk bedrijf.

Dankbaar en vereerd aanvaarde ik dan ook het verzoek van Jan Schrijver om samen met hem dit boek over de ontwikkeling van de biodynamische landbouw te maken. De inzichten die Jan en zijn gesprekspartners hierin verwoorden, prikkelen mij opnieuw om verder en vooral dieper te kijken. Voor mij is het mooiste inzicht dat ook de bodem een levend organisme is, waarin plantenwortels, bodemdieren, licht, lucht en warmte bezig zijn met een continue uitwisseling. Het bijbehorende beeld van een ademende bodem, en nog verder, van de aarde als één ademend systeem waarin al het leven samenhangt, fascineert me. Deelgenoot mogen zijn van de ontdekkingsreis van Jan en zijn gesprekspartners stimuleert me op mijn ontwikkelingspad als mens, tuinman en tekstschrijver.

De discussie over hoe het verder moet en kan met de landbouw gaat ons allemaal aan. Mijn advies: verdiep je in de materie. Verbind je met je dagelijkse voeding als basis van je bestaan én met de mensen die deze voeding produceren en verhandelen. Dan groeit het bewustzijn. Bewustzijn leidt vervolgens tot verandering als mensen het aarden in actie. En dat is precies wat de biologisch-dynamische landbouw volgens mij zo waardevol maakt. BD geeft handen en voeten aan toenemend bewustzijn op het gebied van vitaliteit, vruchtbaarheid, gezondheid, economie en biodiversiteit. Met een keuze voor biologisch-dynamische landbouw en voeding zorg je het beste voor jezelf. En voor de aarde. Deze inzichten voeden mij.

Nijmegen, november 2012
John van der Rest